NUMA EDITORIAL

Fundamentos de Ciberseguridad Práctica

Contents

Fundamentos de redes

Capas de protocolos de red

Una red de comunicaciones telemática es un sistema que permite compartir información entre los distintos equipos que se conectan a la misma y que forman parte de ella. Los equipos informáticos se comunican entre sí a distintos niveles, cuyo formato genérico es el conocido como 'modelo de interconexión de sistemas abiertos', aunque suele denominarse por sus siglas en inglés, OSI. El modelo OSI consta de siete capas de protocolos que se suelen representar en una torre, por lo que a menudo se referencia a la misma como 'Torre OSI' y sus capas son las siguientes. La capa física es la que enlaza los equipos en el medio físico, sea mediante cables, ondas radioeléctricas o cualquier otro medio que se pueda diseñar. En esta capa se transmiten símbolos. Es la capa más básica. La capa de enlace es la encargada de transmitir tramas de datos entre dos nodos adyacentes de una red, es decir, entre equipos que tengan conexión directa entre sí. El bloque de información mínimo a nivel de capa de red se denomina frame o trama. La tercera capa es la de red y su propósito es gestionar las redes multinodo permitiendo direccionamiento, enrutamiento y control del tráfico de datos, de forma que estos puedan llegar de un nodo a otro incluso a través de nodos intermedios. En el protocolo de red, el bloque de información que se transmite se denomina paquete. La capa de transporte es la cuarta. Las tres anteriores compondrían el conjunto de capas del medio, mientras que a partir de la capa de transporte hablamos de las capas del "host", es decir, del propio nodo. Esta capa denomina los bloques de información que transmite datagramas. El propósito de la capa de transporte es permitir segmentar las comunicaciones, multiplexarlas y proporcionar confirmación de recepción de los datagramas transmitidos. La capa de sesión se ocupa, como su nombre indica, de gestionar sesiones, es decir, bloques de intercambio de datos en un contexto específico y entre dos nodos concretos. La capa de presentación o sexta capa se ocupa de tareas como el cifrado de la información a transmitir, su codificación o la compresión. Por último, tenemos la capa de aplicación, que es la que proporciona el servicio concreto de comunicaciones. Por ejemplo, el email con partición de archivos, videollamadas y más. Como hemos visto, el modelo OSI es una arquitectura genérica, un modelo. La implementación más habitual que solemos encontrarnos en el mundo real es la conocida como 'torre de protocolos TCP/IP'. Equiparándola al modelo OSI, tenemos que la capa física sigue definiéndose del mismo modo y lo que más habitualmente nos podemos encontrar son las redes cableadas o las inalámbricas. Se refiere esencialmente a la parte analógica de estos sistemas, pero está muy relacionada e interconectada con la segunda capa. La capa de enlace, esta segunda de la que hablábamos, es la que se encarga de establecer comunicación de datos entre los nodos adyacentes de una red. Podemos encontrar estándares LAN con base Ethernet 802 punto 3 o versiones posteriores como Gigabit Ethernet o 10 Gigabit Ethernet. También tenemos las redes inalámbricas o Wi-Fi definidas en las distintas versiones de 802 punto 11. Realmente, estos protocolos tienen parte relativa a la capa física y parte relativa a la capa de enlace. Tradicionalmente podemos decir que la capa de enlace de la pila de protocolos de Internet es la capa relativa al direccionamiento MAC. Luego tenemos la capa de Internet, capa de red o protocolo IP. Está justo por encima del direccionamiento MAC, entre equipos adyacentes, y permite enrutado de comunicaciones en base al direccionamiento IP. La capa siguiente es la de transporte y es la equivalente a los protocolos TCP y UDP. TCP es un protocolo que establece sesiones entre los dos nodos que se estén comunicando y proporciona confirmación de entrega de datagramas, mientras que UDP se limita a enviar datagramas sin esperar confirmación y sin establecer una sesión como contexto para la comunicación. Equivalen principalmente a la capa de transporte de OSI, pero toman parte también de la de sesión. En la pila de protocolos de Internet, por último, tenemos la capa de aplicación, que engloba el resto de capas OSI. En ella podemos encontrar aplicaciones como SMTP para enviar emails, FTP para transferir archivos, DNS para resolver nombres de dominio, HTTP para conexiones web y muchísimos otros protocolos. Al final, una comunicación estándar de un servidor web que envía un conjunto de datos a nuestro navegador podría verse como unos datos encapsulados en formato HTTP. Estos datos de aplicación se fragmentan e incluyen en datagramas TCP, cada uno de los cuales se dirige a su destino en un paquete IP. Estos paquetes IP pasan de nodo a nodo, entra más Ethernet, que se transmiten como símbolos en la capa física de cada tramo de red. Las pilas OSI y de protocolos de Internet son sobradamente conocidas, pero es importante tenerlas siempre presentes, porque a la hora de pensar en seguridad de redes y servicios web estamos hablando de la seguridad informática de cada protocolo y de cómo su seguridad afecta a la información que proviene de capas superiores o inferiores.

Violación de la seguridad de datos

Consideramos la confidencialidad, integridad y disponibilidad como los tres pilares más básicos de la seguridad de la información y, teniendo en cuenta que las redes tienen como propósito transmitir información de un punto a otro, la seguridad de los datos es un objetivo intrínseco a la seguridad de la información en redes. Consideramos una perdida en la confidencialidad como una fuga de información. En el caso de las redes, esta fuga puede darse por captura de tráfico en distintos tramos de la comunicación y atacando a distintos protocolos. También puede darse mediante acceso ilícito a la fuente de almacenamiento de la información. Estas violaciones pueden ser especialmente graves cuando se trata de datos confidenciales de una organización y quizá más aún cuando se trate de datos personales. Las fugas de información personalmente identificable son aquellas aplicables a un sujeto concreto. Dichos datos permiten identificar con relativa facilidad a una persona en concreto y, como poseedores de dichos datos, estamos en la obligación de salvaguardarlos. La información personalmente identificable o datos personales suele estar compuesta de pares de datos que relacionan a un individuo con otro tipo de información, como por ejemplo tarjetas de crédito, direcciones postales, direcciones de correo electrónico, números de teléfono, etc. Las nuevas leyes de protección de datos, en particular el Reglamento General de Protección de Datos o RGPD de la Unión Europea, obliga a informar a los propietarios de los datos potencialmente afectados por una brecha de seguridad de dicha violación de datos. Este reglamento implica, al igual que debe hacerlo cualquier sistema de gestión de la seguridad de la información, unas obligaciones. La diligencia debida es, en primer lugar, conocer todos los medios por los que podemos proteger los datos que gestionamos y, en segundo, en aplicar aquellos que sean efectivos para la gestión de las amenazas a las que nos enfrentamos. El cuidado necesario consiste en afrontar las vulnerabilidades de forma proactiva, es decir, en su identificación, evaluación y remediación para impedir tener que llegar a una actividad reactiva de contención de daños. Los sistemas de gestión de seguridad de la información o SGSI son los mecanismos principales por los que prevenir las violaciones de seguridad de los datos y dentro de estos sistemas de gestión debemos considerar la gestión de riesgos. La gestión de riesgos consiste en identificar y evaluar los riesgos en base a las amenazas y el impacto que producirían en caso de materializarse, y, una vez clasificados los riesgos y cómo nos pueden afectar, debemos tomar una serie de precauciones. Podemos asumir ciertos riesgos, reducir otros aplicando medidas de seguridad o trasladar riesgos a terceros mediante subcontratación de servicios o contratación de seguros, siempre teniendo en cuenta que, en el caso de los seguros, las indemnizaciones que puedan obtenerse no van a impedir que los datos dejen de estar bajo nuestro control u el de nuestros clientes. Las consecuencias de no realizar una debida gestión de la seguridad de la información y de que un riesgo se materialice en forma de filtración de datos personales de usuarios, personal o clientes o de información confidencial de la organización son, a grandes rasgos, pérdida de confianza de los usuarios o clientes por la vulneración de su derecho a la privacidad, sanciones administrativas por parte de las administraciones públicas encargadas de la regulación de protección de datos personales, demandas de usuarios, clientes y otras entidades afectadas por las violaciones de la seguridad de la información que hayamos sufrido, y también pérdida de la fortaleza del negocio u organización derivadas de la información que se gestionaba en exclusiva para su actividad y que ahora está en manos de otras personas.

Tipos de ataques por capas

Al hablar de seguridad de las comunicaciones en medios telemáticos, más específicamente en redes TCP/IP, debemos tener en cuenta que cada capa de la pila de protocolos puede ser susceptible a distintos tipos de ataque. En la capa física, los ataques más comunes son "eavesdropping" o escucha, también conocido como "sniffing". Básicamente es el pinchazo de una línea para extraer el contenido de las comunicaciones o la escucha del medio radioeléctrico, si se trata de comunicaciones vía radio. El "hub inserting" es el nombre que se dio a la acción del atacante de conectarse físicamente a la red de la víctima. Es algo extremadamente complejo en términos físicos, pero si se consigue es muy efectivo. Hay casos de conexión de "minirouters" 3G o 4G conectados en tomas del cableado estructurado de una zona poco transitada de unas oficinas o incluso en los propios "rack" de una empresa. El vandalismo es otra forma de atacar al medio físico. En este caso, la confidencialidad y la integridad es raro que se vean en peligro, pero sí la disponibilidad, tanto de la información como de los distintos servicios que pueden estar proporcionándose en esa red. En medios radioeléctricos se puede recurrir a los "jammers" o perturbadores de señal, mal llamados inhibidores. En la capa dos o de enlace tenemos el protocolo de comunicaciones que se emplea para descubrir máquinas conectadas a una red LAN y para que hablen entre sí las máquinas que están conectadas a esa misma red empleando las direcciones MAC como medio de identificación del remitente y destinatario de las comunicaciones. Los ataques pueden ser el "MAC spoofing", que consiste en indicar que la dirección MAC del equipo del atacante es una distinta al valor de fábrica correspondiente a su tarjeta de red. Sirve para ocultar la dirección MAC real evitando una posible identificación y para acceder también a redes o servicios cuyo acceso está solo permitido a equipos con determinadas direcciones MAC. Los "switches" de nuestras redes tienen una tabla CAM en la que anotan qué direcciones MAC hay en cada puerto físico del mismo, para no enviar todas las tramas por todos los puertos. Un atacante que practique "MAC flooding" enviaría miles y miles de direcciones MAC aleatorias falsas desde el puerto al que está conectado, saturando la tabla CAM del "switch" y obligando a que este se comporte como un "hub", es decir, propagando mediante "broadcast" cualquier comunicación por todos los puertos y permitiendo así que el atacante pueda monitorizar todo el tráfico desde su puerto. El envenenamiento o suplantación ARP, también denominado "ARP poisoning", consiste en hacer que el equipo atacante responda a las consultas ARP dirigidas a otro equipo.

Normalmente, un "host" pregunta qué dirección MAC tiene el equipo con determinada dirección IP para poder comunicarse con este a nivel de capa de enlace. El ataque consiste en que el atacante responda las preguntas de una máquina legítima con la dirección MAC propia para recibir su tráfico. "DNS spoofing" es un ataque que sirve para dar respuestas falsas a consultas DNS realizadas por otras máquinas de la red, de forma que las comunicaciones se dirijan a donde quiere el atacante. El ataque de "DHCP starvation" consiste en hacer solicitudes masivas al servidor DHCP para que en su tabla registre que tiene todas las IP posibles ya asignadas. Esto en sí mismo puede suponer una denegación de servicio para nuevos equipos que se conecten a la red, pero también puede permitir al atacante hacer un ataque "rogue DHCP". El ataque "rogue DHCP" consiste en crear un servidor DHCP falso para proporcionar a los equipos que se conecten a la red una dirección IP y además indicarles la pasarela de conexión, de forma que el atacante controle el enrutamiento. Entre los ataques que se pueden aplicar a la tercera capa o capa de red está el "IP spoofing", que consiste en enviar paquetes de datos a un servidor indicando una dirección IP remitente de otro equipo. Esta técnica puede usarse para secuestrar sesiones TCP, por ejemplo, o para hacer llegar a un equipo tráfico que no esperaba. "Sniffing" es el nombre que se da al acto de capturar tráfico de red. Se puede hacer a varios niveles, aunque suele implicar acceso físico, y la representación es en la capa IP. Por eso se incluye en esta categoría. Los ataques de 'hombre en medio' o"man-in-the-middle" son aquellos en los que el atacante es capaz de incluir un equipo propio en medio del canal de comunicación que está usando su objetivo para controlarlo. La Inundación ICMP o "ICMP flooding" consiste en un ataque de denegación de servicio con una cantidad absurdamente grande de paquetes ICMP, generalmente "pings", para saturar la conexión de red del objetivo. El ataque "smurf" es un ataque distribuido de denegación de servicio como el anterior. A diferencia del anterior, el objetivo en este caso es obtener muchas respuestas a "pings" que vayan contra el objetivo. Es decir, se satura a la víctima con las respuestas, los ecos, a los "pings", en lugar de con los propios paquetes ICMP. Por último, tenemos el "Ping of Death" o 'ping de la muerte'. Es un ataque que con equipos actuales difícilmente tendría ningún efecto, pero que consistía en crear solicitudes ping con tamaños superiores a los 65.536 bytes permitidos, lo cual podía producir caídas en el equipo objetivo. Por último, hablaremos de la capa de transporte, donde algunos de los ataques más habituales son "TCP" y "UDP flooding". El primero consiste en generar una denegación de servicio al equipo víctima mediante el envío masivo de solicitudes de creación de sesiones TCP mediante paquetes SYN, cuyas respuestas son deliberadamente ignoradas por el atacante. El segundo, "UDP flooding", consiste en el envío masivo de paquetes UDP a puertos aleatorios para saturar la capacidad de proceso de respuesta del objetivo, causando también una denegación de servicio.

Seguridad en redes inalámbricas

Al hablar de seguridad en redes y servicios, debemos tener siempre en cuenta la, valga la redundancia, omnipresencia de las redes inalámbricas, fundamentalmente las redes Wi-Fi. El diseño de las redes IP es lo suficientemente antiguo y con otras ideas en mente durante su diseño como para que la confidencialidad e integridad no fuesen una prioridad. Lo que realmente se buscaba era la disponibilidad. Por eso, cuando surgió el protocolo 802 punto 11, el empleado para las redes inalámbricas, se emulaba a las redes cableadas y tampoco se implementaba gran seguridad. Cuando se detectó que las redes inalámbricas transmitían toda la información y la ponían en el aire al alcance de cualquiera que pudiese escuchar las señales, implementaron el protocolo WEP, que significa "Wire Equivalent Protocol". Es decir, 'Protocolo equivalente de cableado'. El protocolo de cifrado WEP es extremadamente sencillo de romper. Emplea claves de 64 o 128 bits para el cifrado, en las que los 24 últimos bits son conocidos como 'vectores de iniciación' o IV. Por lo tanto, la auténtica clave de cifrado solo es de 40 o 104 bits. Además, no existe ninguna obligatoriedad de cambiar de IVs trama a trama y, por si eso fuese poco, solo son 24 bits, por lo que, aunque se cambien, si se genera el suficiente tráfico, diecisiete millones de combinaciones pasan muy rápido, provocando que tengan que volver a utilizarse los mismos IVs. Esto hace que, capturando un número suficiente de tramas y sabiendo que la longitud de la contraseña es finita, es relativamente sencillo reventar la contraseña por fuerza bruta. Para solventar este problema de seguridad se inició el desarrollo de un nuevo protocolo, abandonando WEP oficialmente en 2004, aunque muchos equipos aún lo soportan. El protocolo WPA, siglas de "Wi-Fi Protected Access", fue la primera versión y se hizo oficial en 2003. Era un paso intermedio hacia el protocolo objetivo, pero dada la baja seguridad de WEP hubo que sacar esta versión intermedia primero. La versión definitiva es WPA2, publicada al año siguiente, y que poco a poco se ha ido convirtiendo en el estándar de facto predefinido en todos los puntos de acceso inalámbricos. Este nuevo protocolo utiliza claves de longitud variable con permutaciones aleatorizadas dinámicamente. Además, WPA2 utiliza cifrado AES, el estándar de seguridad empleado para comunicaciones seguras, incluso a nivel militar. Obviamente, WPA2 es el protocolo recomendado en cualquier red inalámbrica. Si hay que destacar algún punto débil para el protocolo WPA y WPA2, este se encuentra en la fase de registro, es decir, cuando un equipo se registra en la red y para ello proporciona, a través de un canal seguro, la clave de red. La única forma de obtener esa clave es mediante fuerza bruta, tratando de descifrar esa comunicación de registro, y es algo bastante complicado y puede consumir mucho tiempo y recursos. También se descubrió una vulnerabilidad en 2017 denominada KRACK, que permitía acceder al contenido sin cifrar las comunicaciones inalámbricas, pero no descubrir la contraseña de cifrado. Las redes inalámbricas son, por definición, inseguras. Al fin y al cabo, transmiten toda la información al aire y tan solo el protocolo de cifrado garantiza que no se viole la confidencialidad. Si mediante técnicas de "cracking" como la mencionada, por ingeniería social o por cualquier otro medio un atacante consigue la clave de una red, podrá registrarse en la misma a distancia. No demasiada, pero no sería raro que pudiesen alcanzarse hasta los cien metros con el equipamiento adecuado. Sin embargo, si las comunicaciones fuesen por cable, la única forma de acceder sería físicamente conectándose a la infraestructura. Las redes inalámbricas son muy prácticas, pero debemos siempre guardar precaución y emplearlas únicamente cuando sea imprescindible. Sin embargo, solemos abusar de ellas. Otro factor que puede afectar a la seguridad de las comunicaciones en el medio radioeléctrico es la disponibilidad. Por ejemplo, para cortar las comunicaciones en una red cableada necesitamos manipular la infraestructura física, cortando o desconectando cables, o desactivando equipos de red como rúters, firewalls o "switches", vandalizándolos o cortando la corriente, por ejemplo. Sin embargo, para cortar las comunicaciones inalámbricas se pueden hacer ataques de denegación de servicio mediante "jammers" o perturbadores de frecuencia. Funcionan generando ruido radioeléctrico en una frecuencia determinada y de una forma concreta, de tal manera que al mezclarse con las señales, llamémoslas legítimas, en el aire, hacen que sean ininteligibles para los receptores de las mismas. Así pues, el uso de redes inalámbricas en nuestras infraestructuras debe limitarse a lo estrictamente imprescindible, cuando no sea posible hacer el mismo trabajo mediante redes cableadas. Debemos diseñar la estructura de redes de forma que los equipos conectados por Wi-Fi estén aislados de otros equipos de la red, por ejemplo mediante WLANs independientes. De esta forma evitamos que un equipo intruso tenga el mismo acceso que uno legítimo, dado que es más probable que un intruso acceda por red inalámbrica que mediante "hub intruding". También debemos tener en cuenta que la limitación de ancho de banda en redes inalámbricas es mayor que en la infraestructura Gigabit o 10 Gigabit Ethernet, por lo que esas redes podrán crecer más en cuanto a la cantidad e intensidad del tráfico soportado.

Tecnologías de implementación para contenido web

Las páginas web son el principal escaparate que tiene todo tipo de organización pública o privada para exponerse al mundo sin limitaciones geográficas. Esta carencia de limitaciones geográficas y exposición hacen de la página web una fuente de información muy útil y veraz para potenciales atacantes mediante ingeniería social y para cibercriminales que quieran acceder a la información almacenada en el servidor web, a vandalizar la propia web o a utilizar los recursos del servidor para realizar otro tipo de acciones maliciosas, como envío de spam, propagación de malware, funcionamiento como proxy para camuflar al atacante en otros ataques, etc. Oficialmente, la web fue inventada en 1989 por Sir Tim Berners-Lee. En concreto, lo que denominamos como "World Wide Web", las tres famosas 'w'. Desde entonces, la web ha evolucionado mucho. Ya no tenemos contenidos estáticos que haya que actualizar manualmente mediante el lenguaje de etiquetado HTML directo. Desde hace bastantes años, utilizamos lo que se conoce como gestores de contenido, o CMS, por sus siglas en inglés. Sin embargo, los CMS son solo la última capa de software que ve un desarrollador o un generador de contenidos a la hora de componer su página web. Los otros elementos esenciales son el propio servidor que la aloja, el software del servidor, la base de datos que almacena el contenido y los procesadores de lenguaje que interpretan código a nivel de servidor o en el navegador del propio cliente. Los software de servidor más famosos utilizados en la actualidad son Apache, desarrollado por la Apache Software Foundation y lanzado inicialmente en 1995, y Nginx, nueve años más joven que Apache y lanzado por la compañía del mismo nombre. El propósito de estas aplicaciones es responder a solicitudes HTTP o HTTPS, entregando contenido web para ser renderizado por los navegadores de los clientes. Esencialmente, un servidor web responde a peticiones GET, que corresponde a una solicitud de nivel de aplicación en la pila OSI, que se establece normalmente mediante TCP en el puerto 80 o 443. La consulta realizada por el navegador se hace exclusivamente mediante la URL y esta puede incluir variables para que el servidor tenga más información sobre lo que debe devolver al navegador. HTTP también tiene otro tipo de peticiones, además de GET. La siguiente más utilizada es POST. Mientras GET suele emplearse para solicitar datos al servidor, POST los envía. Por ejemplo, al rellenar un formulario en una web, un email en webmail o subir una foto a una red social. El contenido del mensaje enviado se adjunta al cuerpo de la solicitud HTTP POST y no tiene limitación de tamaño. PHP es un acrónimo recursivo que en inglés significa "PHP Hypertext Preprocessor", o lo que es lo mismo, procesador de hipertexto PHP'. PHP es un lenguaje de programación interpretado, es decir, no compilado, que se ejecuta en el servidor web cuando este recibe una petición. Fue creado en 1995 y actualmente va por su versión 7, aunque la 5 sigue siendo la más utilizada. El módulo de interpretación de PHP es el más habitual en el mundo para generación de páginas web dinámicas y el más instalado en los servidores. Según W3text, en 2018 se podían encontrar PHP en el 83,5 % de las webs que se podían analizar. Esto significa que es un sistema muy vigilado, tanto para encontrar vulnerabilidades que permitan ataques como para encontrar soluciones a las mismas. Además están las bases de datos. Estas aplicaciones sirven para almacenar de forma estructurada información sobre contenido de páginas, títulos, enlaces, etc. De hecho, las bases de datos más habituales en servidores web son las de tipo SQL, es decir, 'lenguaje de solicitudes estructuradas'. La más famosa de ellas es MySQL, aunque no la única, ni la mejor según para qué se utilice, el tiempo de respuesta esperado o la cantidad de información a gestionar, si es muy grande o no lo es. Por ejemplo, el CMS WordPress utiliza MySQL y este CMS está presente en casi el 60 % de las páginas web. Estas bases de datos almacenan información sobre la propia web que ve el usuario que se conecta desde su navegador, pero también del CMS e incluso las credenciales y mensajería que pueda gestionarse desde aplicaciones añadidas al mismo, como formularios web, por ejemplo. Los gestores de contenido más utilizados son WordPress, Drupal, Joomla, Squarespace y Magento, que suman casi un 75 % de cuota de mercado, siendo 59,8 % para WordPress. Son aplicaciones que implementan una interfaz gráfica y amigable, también en formato web, para que el administrador de esta pueda diseñar su web y los contenidos de esta sin muchas complicaciones ni conocimientos especiales de programación. Por lo tanto, si queremos establecer unas buenas medidas de seguridad en nuestro principal escaparate al mundo, la web, debemos saber cómo se estructura y funciona un servicio web, debemos conocer los elementos que componen la arquitectura de nuestra web, desde su nombre de dominio hasta el "hosting" en el que se aloja, pasando por todo el software que utilizamos, tanto desde el lado del servidor como del navegador. Entender los lenguajes de programación empleados para poder analizar lo que utilizamos y saber qué nos aporta de bueno y de peligroso. Además, hay que estar siempre pendiente de las nuevas vulnerabilidades que se pueden descubrir en el software que utilizamos en nuestro servidor web y tratar de aplicar los parches de seguridad lo antes posible. Por último, nunca está de más comprobar y verificar la calidad y seguridad del proveedor de servicio, porque la seguridad del servidor web también depende de la seguridad del sistema operativo sobre el que se instala.

Análisis de tráfico y red

Identificación de equipos de red

Nmap es una herramienta por línea de comandos de escaneo de redes para descubrir dispositivos y de escaneo de dispositivos para identificar puertos abiertos. Podemos utilizar el comando de 'manual', que nos muestra la descripción de la herramienta, algunos ejemplos de ejecución con su salida y las distintas opciones que podemos utilizar. También podemos recurrir a 'nmap -h' para ver la descripción de las opciones de forma abreviada. Lo primero a lo que debemos prestar atención es a la estructura del comando. En este caso, tenemos el comando 'nmap' seguida del tipo de escaneo que queremos utilizar, las opciones que vayamos a aplicar y los objetivos que vayamos a escanear. Vamos a escanear, por ejemplo, un servidor remoto, en este caso testphp.vulnweb.com, que es un servidor de pruebas de Acunetix que emplean para permitir a sus potenciales clientes o clientes probar las vulnerabilidades que tiene disponibles mediante su escáner automatizado de vulnerabilidades. Nosotros vamos a utilizarlo ahora para resolver, lo primero, la dirección IP de ese servidor. Lo primero que debemos saber es que realizar un escaneo de puerto sobre un equipo o servidor que no sea de nuestra propiedad o sobre el que no tengamos permisos es constitutivo de delito. Por eso, para este curso, estamos trabajando con máquinas virtuales en una red local y con servidores remotos como el que hemos mencionado, que están diseñados e implementados precisamente para poder hacer estas pruebas. Así que vamos a resolver la dirección: 'nmap -sl' y la dirección. Vamos a dejar solo el dominio. Efectivamente, nos devuelve la dirección. En este caso se trata solo de resolver el nombre de dominio. Ahora podemos comprobar si el servidor está activo. Para eso hacemos 'nmap -sn', que significa hacer básicamente un "ping" a la dirección del servidor. Y efectivamente el servidor está arriba. Ahora podríamos hacer un escaneo normal y corriente de esa dirección IP y sin más parámetros, no estaríamos poniendo opciones ni tipo de escaneo, estaríamos ejecutando un escaneo. Nos muestra los puertos que tiene disponibles, abiertos, TCP todos ellos en este caso, por la exploración normal, pues desde FTP, SSH, correo electrónico, dominio, servidor web, correo POP e IMAP, SMTPS. Se podrían ejecutar Shell, así más IMAP y POP3 seguro, HTTPS. Existen múltiples opciones. Si queremos escanear los equipos que tenemos dentro de una red porque estamos haciendo una auditoría interna, podemos hacer 'nmap -sn' para descubrir equipos internos sin necesidad de escanear aún los puertos y ponemos la dirección de red y la máscara de la misma. Y entonces nos descubre, como estamos trabajando con máquinas virtuales, la pasarela de la misma y las máquinas que tenemos levantadas. La 75 es el servidor DHCP que utiliza el entorno de virtualización. La 57 la descartaríamos porque, como podemos ver, se trata de nuestra propia dirección IP desde la que estamos escaneando. Si quisiésemos saber el sistema operativo que utiliza una máquina determinada, podríamos usar 'nmap -O', mayúscula, y vamos a probar, por ejemplo, con el 165. Entonces, Nmap realizará un escaneo de puertos y, en base a lo que pueda ver en los puertos que detecte abiertos, nos indicará qué tipo de computadora está siendo detectada. En este caso, un Windows Server 2016. Si repetimos la prueba con la máquina 54, por ejemplo, verá otra serie de puertos abiertos y nos indicará que se trata de un Linux. Otra opción es trabajar con Nmap en entorno gráfico mediante Zenmap. Podemos hacer un escaneo de red, igual que antes, podemos decir que solo queremos hacer un escaneo rápido, de forma que haga una detección en red y además escanee los puertos disponibles. Nos va construyendo el comando que podríamos ejecutar por línea de comandos. En este caso, '-t4' es la intensidad del escaneo, que va a ser bastante rápida, '-t3' sería normal, '-t0' sería extremadamente lenta para evitar ser detectados por sistemas de detección de intrusión y '-f' es para fragmentar el trabajo. Procedemos con el escaneo y en este menú desplegable que ahora solo tiene una opción tenemos los distintos trabajos en ejecución. En este caso, solo uno. Podemos ver que, a medida que ha ido descubriendo máquinas, nos ha ido poniendo los puertos que ha obtenido y tenemos a la izquierda la lista de máquinas detectadas. Podemos seleccionar una máquina, ver los puertos que tiene abiertos, la 54 que hablábamos de Linux antes, la 165 que era el servidor Windows Server 2016, podemos ver la topología de red, podemos aumentar el zoom para verlo más de cerca. Si hacemos el efecto ojo de pez se amplía un poquito más. Y tenemos distintos tipos de iconos. Si mostramos la leyenda, nos explica lo que significa cada uno. Los colores y tamaño de los círculos hacen referencia a la cantidad de puertos que tienen abiertos. Podemos hacer otro tipo de escaneo. Por ejemplo, al 54 le podemos hacer un escaneo un poquito más detallado. Sería un escaneo intenso. Podemos escanear por UDP, podemos escanear sin "ping", puesto que ya sabemos que está levantada la máquina, podemos hacer un escaneo normal. Hay distintas opciones y siempre vamos a tener los detalles que podamos obtener. Cuanto más intenso sea el escaneo, más información podremos obtener y más se completará la información. En este caso, pues nos dice que no haga "ping", que sería también con '-sn'. El escaneo con "ping", que sería el '-sn', solo para comprobar que está despierto. El escaneo plus, que lo hace con la versión ligera. También interroga sobre el sistema operativo. Y también podemos nosotros modificar la información del comando y ejecutarlo. Y, una vez completado, como hemos hecho sobre la 54, nos ha cambiado ya el icono y ya vemos que se trata de un servidor Linux. Si vamos a los detalles del servidor ya nos lo indica y nos indica los puertos que ha utilizado para detectar el sistema operativo. Así que, como podemos ver, Nmap es una herramienta muy completa y si no nos gusta trabajar con la línea de comandos pues siempre podemos recurrir a Zenmap.

Captura de tráfico o sniffing

Wireshark es la herramienta de captura de tráfico más habitual para analizar y comprender cómo es la información que viaja por nuestra red. Wireshark se sirve del protocolo de captura de paquetes PCAP y los reconstruye de forma muy amigable para el analista. Para simular una captura de tráfico realista, además de descargarnos Wireshark de la web oficial,vamos a utilizar una máquina virtual, en este caso Windows, desde VMware. Tenemos además Wireshark instalado y vamos a capturar siempre desde esta interfaz de red, que es la que se corresponde a la red virtual de las máquinas virtuales que tenemos en VMware. Vamos a activar la captura de tráfico haciendo doble clic en la interfaz y, al ir a la máquina virtual, vamos a ir por ejemplo a test php punto vulnweb punto com, que es una página de pruebas de la empresa Acunetix que podemos utilizar. Si volvemos a Wireshark, tendremos una cantidad importante de tráfico capturado que podemos detener y lo primero que podemos hacer es explorar las solicitudes DNS. Filtramos por DNS, tenemos la solicitud desde la computadora habitual a la pasarela de VMware y tenemos que ha solicitado resolver la dirección de textphp.vulnweb punto com y a continuación tenemos respuesta. Vemos a la izquierda las flechas que indican solicitud de respuesta indicando la dirección IP de la misma. Teniendo esa dirección IP, vamos a copiarla, podemos hacer un filtrado por el tráfico que se ha realizado con esa dirección, y aquí tenemos todo el tráfico que se ha realizado con esa dirección IP. Después de la solicitud DNS, tenemos una solicitud GET dentro de HTTP. HTTP es un protocolo de aplicación que se ejecuta sobre TCP. Primero tenemos el establecimiento de sesión y luego, una vez que la sesión está establecida, tenemos la sesión HTTP. En la sesión HTTP, tenemos el GET y aquí abajo tenemos el "200 OK", que corresponde a la respuesta que el servidor, el 165, le da a la máquina local virtual, que es la 173.50. De hecho, aquí abajo podemos ver el código HTML que se mostrará en la página web. Podemos ir un poquito más allá y, si vamos a File, Export Objects, HTTP, nos muestra información de archivos que se han descargado en esta sesión. Tenemos, por ejemplo, el logo. Podemos Guardar como, lo guardamos en nuestro escritorio y podemos abrir el archivo recién descargado. Vemos que es el logotipo, el "favicon", que aparece en la página web. Vamos a presentarlo en la máquina virtual, este que aparece aquí arriba en la pestaña. Hay distintos iconos que se pueden descargar o no dependiendo de lo que esté cacheado en cada sistema. Vamos a regresar a Wireshark, vamos a borrar esta captura para simplificarlo, cerramos, iniciamos una nueva captura y, si volvemos a la máquina virtual, en esta ocasión vamos a ir al acceso y vamos a inventarnos un nombre de usuario y contraseña. Pues, por ejemplo, 'sergio', contraseña 'clave123', y vamos a intentar registrarnos. Obviamente, no podemos porque no son contraseñas válidas y además en la página de prueba nos indica que lo válido es 'test', 'test'. Sin embargo, vamos a volver a Wireshark, vamos a detener la captura de tráfico y vamos a volver a filtrar por la dirección IP. Aplicamos el filtro pulsando Enter. Tenemos el GET que encontramos aquí para la página de "login", tenemos la respuesta "OK" y encontramos aquí el "post". El "post" es la función, la solicitud HTTP que sirve para enviar información al servidor. Como podemos ver, está enviando los campos que tienen como nombre el formulario, 'uname' para "username" y 'pass' para la contraseña, indica 'sergio' y 'clave 123', que es lo que escribimos. Este "post" se realiza cuando pulsamos el botón de "login". Como podemos ver, al no utilizar tráfico cifrado HTTPS, toda esta información viaja en claro. Si estuviésemos operando en una red local, lo aconsejable sería utilizar, por ejemplo, IPsec para que la comunicación entre los equipos de nuestro dominio fuese segura incluso aunque alguien fuese capaz de capturar el tráfico local. Vamos a ir un pasito más allá. Vamos a cerrar esto, no lo guardamos y vamos a volver a ir a nuestra máquina virtual, y esta vez vamos a ir a https:// wireshark punto org. Vamos a dejar la dirección puesta, iniciamos la captura de tráfico y accedemos a la página web. Simplemente hemos accedido a la web. Volvemos a Wireshark, detenemos la captura, podemos borrar el filtro porque ya no se corresponde al mismo servidor y podemos ver que en este caso se responde a la solicitud DNS, ¿vale? Aquí tenemos la solicitud DNS, solicitud estándar de tipo A. A significa IP versión 4 para wireshark punto org. Nos responde con las direcciones. A continuación, se establece una sesión TCP y dentro de la misma se establece una sesión TLS. Como podemos ver, corresponde a "Secure Socket Layer", lo que antes se conocía como SSL. Todo el tráfico que se transmite dentro de la sesión TLS está cifrado. Aquí no vamos a ver HTTP ni GET ni "post" ni respuestas. ¿Por qué? Porque está cifrado. De esta manera, el tráfico queda mucho más privado. Sin embargo, no hay que olvidar que las solicitudes DNS viajan siempre en claro. Por lo tanto, analizando el tráfico, aunque no podamos ver el contenido de las comunicaciones, podemos ver dónde se conectan las máquinas de una determinada red. Esto significa que podemos llegar a averiguar incluso qué aplicaciones utilizan, porque las distintas aplicaciones de mensajería se van a comunicar con sus respectivos servidores para proveer el servicio. Con Wireshark, además, siempre podemos acceder a las expresiones y tenemos un buscador por el que poder localizar tráfico concreto. Podríamos poner "TCP" y nos filtraría de forma que podamos ver las comunicaciones apropiadas. Podríamos poner "HTTP", aquí se reduce más. Podríamos tener el protocolo HTTP o el HTTP2, aceptar el tráfico, podríamos utilizar distintos solicitudes y protocolos concretos filtrados por puertos, por direcciones IP, por nombres de dominio… lo cual nos permitiría hacer búsquedas muy concretas para conocer exactamente el tráfico que está transcurriendo por nuestra red o para detectar un tráfico concreto que estemos buscando. Por añadir solo una función más, podemos ir a Edit, Preferencias y en Resolución de nombres podemos Resolver las direcciones IP. En este caso, vemos que las direcciones se corresponden con la página a la que se está comunicando. La dirección IP local es una computadora local sin nombre. En este caso, por ejemplo, tenemos las direcciones de red porque se trata de solicitudes ARP y en este caso, al ser un servidor web, pues la dirección del nombre de dominio. Al final, esto se trata de dejarlo como más le convenga a cada usuario.

Análisis de peticiones DNS

DNS son las siglas de "Domain Name System", es decir, 'sistema de nombres de dominio': muy brevemente, un sistema que funciona más o menos como la agenda de un teléfono. Para cada entrada, es decir, para cada nombre de dominio, puede tener distintos valores. En una agenda tendríamos nombre, apellidos, teléfono, dirección, email… En un dominio tenemos A para la dirección IPv4 y cuádruple A para la dirección IP versión 6, CNAME para alias de "host" tradicionales y para crear distintos servicios en una misma IP. NS es el registro que identifica los servidores DNS autorizados para responder acerca de los registros del nombre de dominio en cuestión, MX para direcciones de servicios de correo electrónico y TXT para texto plano. Hay más tipos, pero estos son los principales. Cuando queremos acceder a un servicio, por ejemplo, un navegador accediendo a una web, rara vez tecleamos la dirección IP. Indicamos el nombre de dominio y el navegador tiene que averiguar cuál es la dirección IP del servidor para poder hacer esa solicitud HTTP o HTTPS. Para eso se realiza un proceso de resolución de nombre de dominio. Primero, se comprueba si en su memoria caché tiene almacenada la dirección IP correspondiente al nombre de dominio indicado. También comprueba el fichero "host" del sistema por si hay un mapeado estático. Si no encuentra la dirección en caché o en "host", genera una solicitud recursiva que envía al servidor de nombres de dominio que tenga configurado. Supongamos un servidor DNS local. Si este no sabe la respuesta o no la tiene en caché, pasa la solicitud a un servidor raíz que dirige la petición a un servidor de alto nivel, que lo redirige a su vez al servidor correspondiente de siguiente nivel y así hasta dar con la respuesta que vuelve por el mismo camino, quedando registrada temporalmente en la memoria caché de cada servidor DNS que ha intervenido en el proceso. Veamos ahora cómo se ve una solicitud DNS desde el punto de vista de un analizador de tráfico. Para ello, vamos a usar Wireshark y vamos a filtrar para ver solo las comunicaciones DNS, así que lo primero que hacemos es ir a Wireshark y establecer el filtro DNS. Pulsamos Enter para que se aplique el filtro y solo tenemos una interfaz de red en esta computadora. Si pulsamos, se pondrá a grabar y grabará todo el tráfico aunque solo nos muestre el DNS. Podemos ir a nuestra terminal de comandos y podemos acceder a 'ns lookup', que es la herramienta para resolver nombres de dominio. Vamos a hacer una solicitud, por ejemplo, para Gmail punto com. Nos responde con la dirección IP versión 6 e IP versión 4. Si quisiésemos consultar, por ejemplo, los servidores de correo electrónico, estableceríamos 'set type =MX' y volvemos a hacer la consulta, y nos devuelve los servidores MX. Si queremos consultar los servidores de nombres, podemos hacer 'set type =NS' y volvemos a consultar Gmail punto com. Nos devuelve las consultas y aquí tenemos el tráfico. Vamos a visualizarlo. Vamos a reducir el tamaño para poder ver más información y tenemos la primera consulta que hicimos, que fue la de Gmail. Realmente, lo primero que consultó era la dirección para el servidor de dominios configurado, el 8888 de Google. Después, hicimos la solicitud para Gmail. No la reconoció en local, pasó a la siguiente. Tampoco tenía para la IP versión 6 y entonces ya hizo la consulta al exterior completa, obteniendo la dirección IP. Bajamos aquí abajo, en las respuestas tenemos la dirección en clase A con todos los detalles desglosados y también tenemos la solicitud para IP versión 6, el cuádruple A, y la respuesta con la dirección. Más adelante hicimos la respuesta a la consulta de MX, la "query" tipo MX, y la respuesta con las direcciones. Podemos cerrarlas para verlas todas. Todos los servidores MX registrados, cada uno con su preferencia: 30, 40, 10, 20, 5... Lo devuelve en el orden que corresponde en cada caso. Así podemos ver todo el tráfico que se genera. Este tráfico siempre va sin cifrar, lo que permite que podamos saber adónde se están conectando cada una de las máquinas. Otro detalle importante que podemos valorar es que se trata de un protocolo UDP, es decir, las solicitudes DNS son unas solicitudes a nivel de aplicación que se transmiten mediante UDP en el puerto 53, es decir, no hay sesión, se envía una solicitud y se espera una respuesta, pero no forman parte de una sesión. Son paquetes independientes. Es importante saber cómo funcionan las peticiones DNS porque, si nuestro servidor DNS interno, el de nuestra organización, está expuesto a Internet, cualquiera que lo monitorizase podría ver las tablas que tiene almacenadas, lo que significaría que los que navegan de forma interna con nuestro servidor están visitando esos servidores, están conectándose a ellos. Entonces, estaríamos exponiendo información sobre aplicativos que estamos utilizando, páginas a las que nos estamos conectando, etc. La seguridad de los servidores DNS es fundamental básicamente porque no están diseñados para que sus comunicaciones sean seguras.

Ataques de red

Ataques en capa física, hardware

La capa física es la más elemental de un sistema de comunicaciones, es la que relaciona toda la lógica del software con el medio físico que transmite las señales, sean cables o medios radioeléctricos. Lo primero que debemos tener en cuenta es que, dado que se trata de la capa física, el atacante debe tener acceso al medio físico en el que se produce la transmisión. Esto quiere decir que, si se trata de una red cableada como, por ejemplo, una red Gigabit Ethernet, deberá poder acceder a los equipos y/o al cableado de la red, mientras que si se trata de redes inalámbricas deberá estar en el radio de alcance de las señales que se transmiten o que los equipos pueden recibir. Obviamente, los ataques a redes inalámbricas suelen ser más sencillos puesto que no hace falta contacto, sino alcance, algo que se puede conseguir con buenos sistemas de antenas y potencia de transmisión. El primer medio de ataque es el vandalismo o las catástrofes. Tanto una cosa como la otra puede afectar muy gravemente a la disponibilidad de una red. Para evitar este tipo de amenazas, y vamos a llamarlas así porque no tienen por qué ser ataques, debemos tener en cuenta varios puntos. Hay que establecer controles de acceso a zonas con equipamiento de redes, tales como "data centers" o salas técnicas, y a los "racks" también, que deben cerrarse con llave. También se puede incluir videovigilancia. No se deben dejar puertos de administración de equipos de red accesibles a cualquiera. Deben ser accesibles solo de forma local o mediante una red privada virtual propia separada de las redes de producción. Los equipos nunca se instalan en zonas inundables ni a ras del suelo. Deben existir sistemas de detección y extinción de incendios adecuados para equipos electrónicos. No podemos poner sistemas de riego con agua para apagar incendios en salas técnicas o destruiríamos todos los equipos. El sistema de distribución de cableado estructurado debe permitir su sustitución. No es buena idea encastrar el cableado en paredes y siempre es mejor usar canaletas o suelos o techos técnicos. También se pueden utilizar medios adicionales, como anclajes Kensington o similares, para equipos en zonas accesibles. Cuando se trata de redes inalámbricas, no podemos proteger el espacio radioeléctrico, pero sí diseñar la red de forma que la distribución de equipos y potencia de transmisión de estos sea la mínima imprescindible. Esto forzaría a un atacante a tener que acercarse más al área de cobertura de la red, limitando su capacidad de mantenerse oculto. Hay que conseguir un equilibrio. Se trata de que el área de cobertura proporcione acceso a nuestras redes Wi-Fi en todas las zonas necesarias, mientras que, al mismo tiempo, evitamos que lo haga más allá de esos límites. También podemos mejorar la calidad de la comunicación eligiendo canales, también denominados 'bandas de frecuencia', no saturados por redes adyacentes. Con lo que no se puede hacer demasiado es contra los "jammers" o perturbadores. La única mitigación en este caso sigue siendo el limitar el alcance al mínimo imprescindible, lo que forzará a un atacante usar más potencia para conseguir su objetivo. Al final lo mejor es que, si una comunicación puede ir por cable, estará más segura que de forma inalámbrica. Lo mismo que hemos dicho que hay que mantener los puertos de administración inaccesibles a personal ajeno al departamento de IT, también tenemos que evitar que existan puertos "mirror" o espejo accesibles, ya que en ellos se puede monitorizar el tráfico total que transcurre por el equipo en cuestión. Esto facilitaría un ataque de "eavesdropping", es decir, que permitiría que espiasen todo nuestro tráfico. Para hacer lo propio en redes inalámbricas, es decir, atacarlas, estas deben disponer de un sistema de cifrado muy endeble, como WEP, así que a poco que usemos WPA2 estamos evitando este problema en gran medida. Otro tipo de ataque físico es la colocación de artefactos de comunicaciones en las redes objetivo. Comúnmente se las conoce como "hub inserting" o "hub intruding", pero pueden tener distintas formas de ejecutarse. Lo más básico sería insertar un "hub" en una conexión troncal de forma que podamos conectarnos al mismo y monitorizar todo el tráfico en tránsito. Obviamente, esto no es fácil de hacer puesto que requiere acceso físico, pero es factible, sobre todo en redes que no están bien administradas. Además, es indetectable a nivel administrativo. Si el "hub" no causa un cuello de botella, los administradores del sistema no podrían darse cuenta de que está ahí. Otros ataques que consisten en instalar equipos pueden ser la inserción de puntos de acceso de redes inalámbricas en la red del objetivo para acceder a la misma de forma remota. También se puede ir un paso más allá e insertar un rúter con comunicaciones, por ejemplo, 3G o 4G para poder acceder sin tener que estar cerca de la red. A nivel administrativo, como hemos dicho, no se puede detectar un "hub", pero sí equipos que se conecten al mismo, salvo que sean totalmente pasivos. Si un atacante ha introducido un punto de acceso inalámbrico o un "router", estos equipos sí son identificables. Además, los "switches" modernos permiten indicar en la configuración de un puerto determinado –hablamos de un puerto físico– si en el mismo vamos a conectar uno o múltiples equipos. Si es un puerto mono, o "host", no se podrá conectar un "switch" o un "hub" con varios equipos porque el "switch" no propagará las comunicaciones por ese puerto. Así que una configuración apropiada de los puertos de un "switch" también mitiga el riesgo de que nos inserten equipos en la misma. Además de eso, es una buena política tener inventariadas todas las direcciones MAC de los equipos que se conectan a nuestra red. Así podríamos fácilmente identificar equipos que no estén haciendo "MAC spoofing".

Ataques en capa de enlace, red

La capa de enlace en protocolo de comunicaciones TCP/IP equivale a la capa Ethernet, es decir, la de direccionamiento MAC. Los ataques que se suelen realizar a nivel de esta capa son ataques locales. Tenemos que recordar que el direccionamiento MAC se emplea de equipo a equipo dentro de una red, es decir, que no se propaga una vez que se pasa a través de un router, por ejemplo. Partiendo de esa base, debemos recordar siempre que el atacante o está dentro de la red o tiene un equipo en la misma, aunque lo gestiona remotamente. Puede ser un equipo propio o un equipo infectado por "malware". Entre los ataques a nivel de capa de enlace nos podemos encontrar con "MAC spoofing", "port stealing", "MAC flooding", "ARP poisoning", "DNS spoofing", "DHCP starvation", "rogue DCHP attack", etc., además de combinaciones varias de estos ataques. Veamos en qué consiste "MAC spoofing". "MAC spoofing" es una técnica que consiste en cambiar la dirección MAC nativa de la interfaz de red de nuestro equipo. De esta forma podemos entrar en redes, conectarnos a redes, en las que haya listas blancas o listas negras de direcciones MAC. Además, permite ocultar la dirección MAC del equipo del atacante y confundirse con otras. Vamos a trabajar en Kali Linux usando 'macchanger'. Es un comando muy sencillo en el que se identifica el comando, las opciones y la interfaz de red sobre la que queremos operar. Tenemos la ayuda, ver la versión del programa, mostrar las direcciones implementadas... Con '-e' cambiamos solo el final porque el fabricante de una tarjeta de red establece en los primeros "bytes" de la dirección MAC un código que le identifica. Con '-a' cambiamos el fabricante, pero mantenemos el mismo tipo de dispositivo. Con '-A' mayúscula hacemos que sea totalmente aleatorio. Con '-r' la dirección MAC va a ser aleatoria, no va a respetar ni tipo de fabricante ni ni formato. Con '-p' recuperamos la dirección MAC original del sistema. Y con '-l' podemos ver la lista completa de vendedores. Con '-b' podemos establecer un "flag", que se utiliza para indicar que la dirección MAC que estamos utilizando es la original de la tarjeta de red, aunque no lo sea. Vamos a salir y vamos a ejecutar 'macchanger -s eth0'. Vemos que las dos coinciden, la MAC actual en uso y la MAC permanente. De hecho, podemos comprobar con 'ifconfig eth0' que se corresponden: '28:ec', '28:ec'. Ahora podríamos ver la lista total, 'macchanger -l' para ver la lista de todos los fabricantes conocidos. Vemos estos tres primeros "bytes" que corresponden al fabricante. Podemos cambiar la interfaz de red. Vamos a mostrarla de nuevo, 'eth0', y vamos a cambiarla con '-a'. Nos indica que la MAC actual es la '28:ec', la permanente es la '28:ec' y la nueva que tenemos es esta de aquí abajo que ha cambiado de fabricante. Podemos volver a hacer el mismo proceso y nos pondrá otro fabricante del mismo tipo. Shenzhen Fenda, Cisco Systems... Podríamos elegirlo también manualmente. Como vemos, es algo muy sencillo. Si utilizamos '-b', se aplicará el "flag" correspondiente para que se utilice como interfaz por defecto del sistema. Si quisiésemos poner una MAC específica, por ejemplo, para acceder a una red en la que hay una lista blanca de direcciones, podríamos poner 'macchanger -b —mac =00:11:' 22: 33: 44: 55. Hay que introducir siempre el interfaz de red. Y nos asignaría esta dirección. Podemos decidir qué dirección tener específicamente, sobre todo si conocemos la de algún equipo al que queramos emular.

Ataques MAC flooding

"Mac flooding", o inundar la tabla CAM de un "switch", hace que este no sepa qué dirección MAC corresponde a cada puerto físico de los que tiene conectados, por lo que cuando recibe una trama tiene que enviarla en "broadcast" por todos los puertos para asegurarse de que llega a su destinatario, esté en el puerto Ethernet del "switch" que esté. Este ataque puede emplearse para que un atacante conectado a un puerto cualquiera del "switch", cuando este transmite todo en modo "broadcast", pueda recibir todas esas demás comunicaciones y monitorizarlas, por ejemplo, para hacer "sniffing". Para desarrollar este ataque vamos a Kali Linux, por ejemplo, y vamos a utilizar una herramienta tan sencilla como 'macof': 'man macof'. Tenemos la descripción básica y tenemos las opciones. Podemos indicar la interfaz con '-i', la fuente para especificar una dirección IP de origen que no tiene por qué ser la nuestra, una dirección IP de destino para indicar a quién atacamos, especificar una dirección de objetivo a nivel de enlace, es decir, una dirección MAC, y podemos especificar también origen de puerto TCP, destino de puerto TCP y el número de veces que queremos hacerlo. Salimos de la ayuda y, por si no nos hemos fijado, en la propia ayuda nos especifica también que es interesante echar un vistazo a este comando que permite hacer monitorización de tráfico de manera mucho más sencilla que con Wireshark, por ejemplo, dado que lo que va a buscar son conexiones FTP, Telnet, HTTP... de tipo que sean, pero que incluyan parejas de usuario y contraseña. ¿Por qué? Porque si somos capaces de inundar la red saturando la tabla CAM del "switch" y haciendo que podamos recibir todo el tráfico que circula por la red, ejecutando en otra ventana de terminal esta aplicación podremos capturar pares de usuario/contraseña para ver dónde se están conectando y con qué credenciales los demás usuarios de la red. En este caso, vamos a ejecutar 'macof' contra la pasarela de comunicaciones del servidor de máquinas virtuales que estamos utilizando, porque recordamos que estamos trabajando siempre en máquinas virtuales de nuestra propiedad para evitar conflicto con el resto de equipos de la red. Si hacemos esto en un entorno real, debe ser una red de la que seamos propietarios o en la que tengamos permiso por escrito para hacer este tipo de actividades. Entonces, para ver cómo se vería un ataque, simplemente tenemos que hacer 'macof', identificar la tarjeta de red, 'eth0', y el destino, que en este caso pues va a ser la dirección de pasarela de VMware. Como podemos ver, lo que se está haciendo es enviar todo este tráfico. Podemos pararlo. En esta ocasión, tengo Wireshark activado capturando el tráfico para que podamos ver cómo se desarrolla, así que vamos a volver a lanzar el ataque, lo paramos y ahora podemos ver todas las comunicaciones que había, en este caso, con direcciones IP falsas intentando engañar. Indican direcciones IP todas contra el mismo destino, direcciones IP falsas, cada una con una dirección MAC distinta, como podemos ver aquí abajo. En esta sección podemos ver esa información. Y lanza miles y miles de estos mensajes para inundar la tabla CAM, forzando al "switch" a comportarse en modo "broadcast".

Ataques ARP poisoning y ARP spoofing

A continuación, vamos a ver un ejemplo de "ARP poisoning" y "ARP spoofing". Consiste en lanzar mensajes ARP falsos a una red de área local de forma que la dirección MAC del atacante acaba asociada a la dirección IP de la víctima. Para ello, pues podemos buscar qué equipos hay en nuestra red, por ejemplo, con 'nmap -sn 192.168.173.0/24'. En este caso, ya lo sabemos por anticipado, 54 va a ser nuestra víctima, que es el equipo que tenemos aparte del nuestro, que es el 57, y sabemos que la pasarela, porque estamos trabajando con máquinas virtuales para no efectuar ataques que puedan causar problemas reales en entornos reales de producción, pues sabemos que el dos es la pasarela del software de virtualización. Así que para poder realizar este ataque vamos a hacer uso de la herramienta "ARP spoofing", 'arpspoof'. Con '-h' vemos la ayuda y sabemos que tenemos que ejecutar 'arpspoof', la interfaz con la que vamos a trabajar, que es 'eth0', el objetivo, que es 192.168.173.54, y el la ruta, que es '-r 192.168.17.32', que es la pasarela. Antes de empezar, vamos a hacer "pings" desde la máquina víctima a una dirección de Internet. Vemos que se desarrollan con normalidad, recibiendo respuesta. La secuencia va completa: uno, siete, ocho. Recibimos respuesta de todos ellos. Vamos a poner Wireshark a capturar tráfico. Al capturar tráfico vemos estos mensajes ARP y vemos que nuestra máquina, la 28:ec, le está diciendo a la pasarela y le está diciendo la pasarela a nuestra máquina cuáles son las direcciones IP correspondientes. Entonces, vemos mucho ARP, los mensajes que se van enviando. Ya empieza a haber "broadcast". ¿Quién tiene la 57? La 57 es la máquina del atacante y vemos que el atacante va mandando mensajes. Vamos a eliminar este filtro y vemos que los "pings" que está realizando la víctima se envían y se recibe el eco. Vamos a volver a la máquina virtual y vamos a lanzar el ataque. Vemos que ahora lo que está haciendo es indicar tanto a la pasarela, que es la que acaba en 'af', como a la víctima, que es la que acaba en 'f1', que en realidad la dirección MAC correcta para la dirección IP opuesta es la suya. Vemos que los "pings" que está lanzando la máquina víctima se han detenido en el número 74, no está recibiendo más respuestas y si vamos a la captura en Wireshark vemos que 28:ec, que es el atacante, está lanzando mensajes contra la pasarela y contra la víctima para confundirles y, si filtramos solo por 'icmp', vemos que la víctima no está recibiendo ninguno de los mensajes que espera. ¿Por qué? Porque el atacante ha convencido al "gateway" de que la dirección MAC asociada a 192.168.173.54 en realidad es la MAC del atacante. Por ese motivo no puede comunicar. Si detenemos el ataque, simplemente cerrando la ejecución del programa, vemos que enseguida vuelven a funcionar los "pings". Hemos pasado pasado del 74 al 170 y vemos que en Wireshark las cosas vuelven a funcionar con normalidad y tenemos el envío y la recepción, es decir, que con "ARP spoofing" podemos hacer un ataque de "man-in-the-middle". En este caso, solo hemos engañado y hemos bloqueado las comunicaciones, pero podríamos haber utilizado herramientas como Ettercap para formar parte de esa comunicación, lo cual puede ser altamente peligroso para la disponibilidad, la integridad y la confidencialidad de la información que estemos transmitiendo.

DNS spoofing

Un ataque "DNS spoofing" consiste en que un atacante en la red de la víctima responda a las consultas DNS de esta en lugar de dejar que lo haga el servidor DNS consultado. Para ello, también se recurre al "ARP spoofing". El objetivo del ataque va a ser que la víctima acceda a una web falsa. En el entorno de pruebas tenemos una máquina con Windows 7 y tenemos el atacante, que es un Kali Linux, ambos ejecutándose como máquinas virtuales en un entorno virtual dentro de nuestro PC. Recordemos que no debemos hacer estas pruebas con equipos que no sean nuestros o para los que no estemos autorizados. Para empezar, debemos habilitar el servidor Apache, pero primero vamos a ir al disco, vamos a 'var', 'tres uve dobles' y en 'html' tenemos este archivo que vamos a duplicar. Vamos a editar este archivo. Lo abrimos con Leafpad. Abrir, 'Sistemas de archivos', 'var', 'tres uve dobles', 'html', index'. Y vamos a eliminar prácticamente todo y hasta aquí. Y vamos a hacer un 'h1' y pondremos 'DNS spoofed' para indicar que accede a una web que hemos modificado nosotros. Guardamos, cerramos y podemos iniciar el servidor Apache que viene incluido, 'service apache2 start'. Podemos comprobar que funciona con el navegador local yendo a 127 punto 0 punto "DNS spoofed". Si ponemos la dirección 192.168.173.57, efectivamente conseguimos la misma página web. De momento, el servidor falso para engañar al objetivo lo tenemos preparado. El siguiente paso es configurar Ettercap. Ettercap es una herramienta que podemos utilizar para este tipo de actividades. Podemos ir a 'etc', buscamos "Ettercap" y tenemos que modificar 'ettercap punto conf' y 'ettercap punto dns'. En 'etter punto dns' tenemos una explicación de cómo funciona. Básicamente, es el servidor DNS que se va a utilizar y lo que vamos a hacer es decirle que todas las direcciones vayan a 192.168.173.57, que es la dirección IP del atacante, la computadora en la que estamos. Todas las direcciones, es decir, nos da igual a cuál se vaya a conectar. Guardamos, cerramos y tenemos que editar también 'etter.conf'. Para empezar, tenemos que poner estos dos valores en sentido contrario, en vez de completos, pues a cero para los identificadores y tenemos que buscar las líneas que empiezan con 'r dir'. Vamos a buscar directamente. Hay varias, aquí las tenemos. Estas dos líneas hay que quitarles el comentario para que puedan redirigir el tráfico de la forma que se indica a continuación, basándose en la interfaz, el puerto y el destino.

Guardamos y podemos ejecutar Ettercap. Iniciamos una escucha activa en 'etc0' y la paramos, simplemente para que active todas las configuraciones. Vamos a la lista de objetivos. No tenemos ninguna. Escaneamos y ya aparecen varios. 51 es la dirección de la máquina objetivo a la que vamos a atacar. La establecemos como 'Target 1'. Aquí abajo nos aparece indicado que ya es el 'Target 1'. Vamos a "man-in-the-middle", que es el tipo de ataque, y seleccionamos ARP poisoning, el envenenamiento ARP, para poder engañar a las direcciones MAC. Tenemos que capturar el tráfico y en Pluggins vamos a seleccionar 'dns.spoof' para poder realizar el ataque. Ahora en Start podemos iniciar la captura de tráfico y en la máquina del objetivo podemos ir a cualquier página web y, da igual a qué página vayamos, nos va a llevar siempre a la máquina del objetivo. Si detenemos el ataque, podemos repetir el proceso y se cargan las páginas correctas. Ahora ya cualquier otra que carguemos ya carga la página correcta.

DHCP starvation

Para demostrar cómo funciona un ataque de DHCP Starvation, vamos a empezar por iniciar una captura de tráfico en Wireshark. Y vamos a ir a nuestras máquinas virtuales. Y en esta máquina con Windows 7, vamos a comprobar que tenemos una dirección IP asignada. Y lo que vamos a hacer es eliminar la asignación. Vamos a deshabilitar la tarjeta de red. Y ahora, desde la máquina atacante, vamos a ejecutar el programa Yersinia en el modo amigable o gráfico. Pulsando I podemos ver las interfaces. Vamos a usar obviamente la ETH0, que está encendida. Usamos Q para salir. Y con F2, si nos fijamos en la parte superior, tenemos el modo DHCP. Podemos empezar los ataques pulsando X y nos ofrece varias opciones. En este caso, nos interesa lanzar el ataque número 1, que va a suponer una denegación de servicio. Va a enviar gran cantidad de solicitudes de descubrimiento, lo que va a saturar al servidor DHCP que hay en esta red virtual. Y, como solemos recordar, estamos trabajando con ordenadores virtuales, porque realizar este tipo de actividades en computadoras que no sean nuestras o en infraestructura que no estemos autorizados a utilizar sería constitutivo de delito. Así que lo mejor es practicar con máquinas virtuales. Iniciamos el ataque pulsando 1. Y vemos que empieza a lanzar un montón de paquetes de este tipo. Si volvemos a Wireshark, vemos aquí abajo que crece muy rápidamente el número de paquetes. Tiene 300.000 paquetes capturados, de los que está mostrando la totalidad. 400.000 casi mientras hablo. Y está calculando con este filtro la información que está filtrando. Tenemos puesto para que muestre hasta el final. Lo que vamos a hacer ahora es detener el ataque. Bueno, vamos a ir primero a la máquina virtual con Windows. Vamos a habilitar la tarjeta de red y vamos a pedirle que recupere el direccionamiento IP, que solicite al servidor DHCP que le asigne una dirección IP y que le indique cuál es la pasarela. Pero, como vemos, no obtiene ningún resultado. No puede, nadie va a responder a su solicitud. El servidor DHCP está saturado. No puede asignar más direcciones porque ya las ha entregado todas al atacante. Entonces vamos a detener este proceso. Podemos volver a deshabilitar la tarjeta de red para que quede todo limpio. Y, si vamos a la máquina del atacante, simplemente detenemos el ataque. Paramos. Volvemos a esta máquina. Podemos volver a ver. El ataque ya se ha detenido. Vamos al último. Vemos que todas las comunicaciones parten del 5c:e4. Este sería la dirección del atacante. Y, sin embargo, vemos que no aparece. Simplemente está solicitando, solicitando continuamente. Montón de solicitudes. Vamos a bajar hasta el último. No ha cambiado nada especialmente. Y lo que vamos a hacer es volver a habilitar. Ahora que el ataque está detenido, vamos a decirle a esta computadora que vuelva a solicitar asignación. Y esta vez sí le responde. Le ha asignado la dirección IP 54. Y si volvemos a Wireshark, podemos ver cómo ha sucedido este proceso. Vamos a ver primero. La dirección MAC es la 84:5B. Es decir, la 84:5B estaba solicitando un "discover". Teníamos otra solicitud de descubrimiento. Y por fin responde en "broadcast" el servidor DHCP. Tenemos otro "discover". Tenemos otra respuesta. Y ya solicita oficialmente la asignación. Y, por fin, tenemos el ACK y ya una comunicación directa del DHCP a la máquina con su dirección IP. Ahora ya se va repitiendo porque tenemos puesto que trabaje cada minuto la asignación. Así que, como podemos ver, el DHCP Starvation supone un ataque de denegación de servicio. Una vez que están todas las direcciones IP asignadas, una nueva computadora conectándose a la red, en este caso habilitando la interfaz de red, no podía conseguir una dirección IP. Y, por tanto, no podía comunicarse con el resto de equipos.

IP spoofing

Para hacer "IP spoofing" basta con falsear la dirección de origen de un paquete haciendo que se responda a esa dirección que vamos a introducir como falsa. Lo que vamos a hacer es modificar unos parámetros de "iptables" en la máquina atacante, en este caso Kali Linux, que estamos ejecutando en un entorno virtual para hacer pruebas en un entorno controlado, recordando siempre que hacer esto sobre computadoras o redes que no sean de nuestra propiedad o que no tengamos autorización para auditar sería constitutivo de delito. Así que, como decíamos, vamos a modificar las "iptables" de esta computadora Linux. Para ello, vamos a empezar con el comando 'iptables -t nat -A mayúscula POSTROUTING -J SNAT -- to source'. E indicamos la dirección IP de la pasarela. Vamos a hacer un repaso. Tenemos '-t', en concreto '-t nat', con lo que indicamos que queremos modificar la tabla Nat de "iptables". Con '-A' mayúscula añadimos una cadena de postenrutado del tráfico, es decir, una vez que lanzamos el tráfico, qué hacer con él. '-j' sirve para establecer un objetivo, SNAT' en concreto, es decir, traducción de direcciones. Y la fuente con 'to source', que es la extensión de SNAT que indica la dirección IP que se indicará en el datagrama como origen del mismo, aunque no lo sea. En realidad, lo que estamos haciendo es algo tan relativamente sencillo como decirle a nuestra interfaz de red que se comporte como un "router" NAT traduciendo nuestra dirección IP e indicando que el origen es otro. Así que, ejecutamos el comando. Queda modificada la tabla. Y cuando el destinatario responda a la IP que le indicamos con los paquetes que enviemos, su tabla ARP indicará una dirección MAC distinta de la nuestra. Entonces podemos hacer, primero, desde aquí si hacemos un 'ping', por ejemplo, a 8888, vemos que se recibe normalmente. Vamos a iniciar una captura de tráfico. Y vamos a ver como esta máquina puede hacer 'ping' normalmente. Tiene los envíos y las respuestas. Sin embargo, si ahora hacemos la comunicación desde aquí, vemos que no estamos recibiendo respuesta a los 'pings'. Es una cosa curiosa. Básicamente se debe a que hemos dicho que tienen que responder a esta otra dirección. Entonces vamos a ir otra vez a Wireshark. Y vamos a ver, si hacemos un filtro ICMP, que tenemos solicitudes desde 2 a 8888. Lo cual no es cierto. Estamos haciendo los 'pings' desde la dirección IP de la máquina virtual. Vamos a pararla un segundo. 'ifconfig eth0'. Su dirección IP es la 57, no la 2. Vamos a restaurar el estado. Volvemos a 'iptables -t nat -v -L POSTROUTING -n', 'line number'. Así vemos las líneas que tenemos creada para esta modificación. Y ahora podemos borrarlo con 'iptables -t nat -D POSTROUTING', y la línea 1, que es la que tenemos en la recuperación anterior. Si ahora volvemos a hacer 'ping', ahora sí recibimos nosotros las respuestas. Ya no se envían a la pasarela. Vamos a repetir la prueba. En este caso vamos a enviar las respuestas a la máquina 54, a la máquina Windows. Hacemos el cambio. Vemos que de momento no tenemos 'pings' nuevos. Sigue el filtro activo. Tenemos los 'pings' que se estaban haciendo desde el otro lado, las respuestas. Pero vamos a lanzar los nuevos. Como podemos ver, seguimos sin recibir respuesta. ¿Por qué? Porque ahora las está recibiendo esta máquina. Desde aquí no se aprecia, pero está recibiendo esa mensajería. Y podemos comprobarlo al analizar el tráfico de red. Vemos cómo hay solicitudes desde la IP 54, a pesar de que esa dirección IP no está lanzando 'pings'. Sin embargo, a nivel de análisis de red, sí los está haciendo, y el servidor DNS de Google, que es el 8888, está respondiendo. Por eso tenemos el destino inalcanzable. Básicamente porque está ignorando la respuesta. De esta forma hemos hecho un "IP spoofing". Ahora imagina que este mismo ataque se hace lanzando desde la computadora del atacante muchas conexiones contra muchos servidores distintos, que todos vayan a responder a la IP víctima, en el caso que tenemos ahora mismo en ejecución, la máquina Windows. Pues podría estar sufriendo una denegación de servicio por saturación del tráfico. Sin embargo, sigue funcionando aquí de manera normal. Este ataque se puede hacer tanto desde una sola máquina, creando demasiadas conexiones para que las respuestas no sean soportables por la víctima, o se pueden hacer desde muchas máquinas haciendo eso mismo, lo cual supondría un ataque de denegación de servicio distribuido. Pero en vez de lanzar paquetes contra la víctima, lo que se hace es lanzar paquetes válidos contra un objetivo válido, y que las respuestas de esos objetivos múltiples válidos vayan todas a un solo objetivo. Es una forma de dar una vuelta más de tuerca a un ataque de denegación de servicio por saturación de tráfico. Esa saturación se puede dar tanto en la interfaz de red del equipo que recibe la mensajería como en el propio canal de comunicación, en la propia red. Quizá sea un "switch" o un router el que sufra esa saturación, depende de si existen cuellos de botella. Así que en esto consiste un ataque de "IP spoofing".

Ataques a servidores web

Tipos de solicitudes HTTP y análisis de HTTP GET

El protocolo HTTP o protocolo de transferencia de hipertexto es el principal protocolo de comunicaciones empleado para navegación web, aunque también se emplea para aplicaciones cliente-servidor de otros tipos. Su primera versión se publicó en 1996 con el RFC 1945, que definía la versión 1.0 del protocolo. Actualmente vamos por la versión 2 de 2015, definida en el RFC 7540. Las comunicaciones HTTP constan de mensajes en texto plano, solicitud y respuesta. Esto implica que no hay compresión y que tampoco hay cifrado si no se aplica en una capa de seguridad adicional, como SSL, obteniendo HTTPS. Las comunicaciones HTTP son de capa de aplicación y funcionan con configuraciones estándar sobre el puerto 80 en TCP y 443 en el caso de HTTPS. Existen bastantes tipos de solicitud HTTP, cada una con sus respuestas. Las más habituales son: "GET" para solicitar datos de un recurso concreto, "POST" para enviar información del cliente al servidor, "PUT", que en vez de enviar información por fragmentos como "POST", escribe en una conexión "socket" como si escribiese en disco. "HEAD" es como "GET", pero sin esperar respuesta del servidor. "DELETE" para ordenar el borrado de un recurso, "PATCH" sería como "PUT", pero indicando qué parte del recurso del servidor se modifica en lugar de la totalidad. Y "OPTIONS" es la solicitud con la que el cliente consulta al servidor qué tipos de solicitudes soporta. Hay bastantes más, pero "GET" y "POST" son suficientes para cubrir la inmensa mayoría de las cosas que se pueden hacer. La petición HTTP "GET" corresponde a una solicitud de nivel de aplicación en la pila OSI, que se establece normalmente mediante TCP en el puerto 40 o 443 cuando se trata de HTTP seguro. La consulta realizada por el navegador se hace exclusivamente mediante URL, y esta puede incluir variables para que el navegador tenga más información sobre lo que debe devolver al navegador. Cuando un navegador realiza una petición "GET" a un servidor web, este abre el archivo indicado en la petición. Si la página web es estática, normalmente se pedirá y se devolverá un archivo HTML, que es texto plano etiquetado para darle formato. Si la página web tiene funcionalidad del lado del servidor, en la mayor parte de los casos nos encontraremos con ficheros PHP y la petición "GET" podrá incluir variables en la URL. Los archivos PHP solicitados son pequeños programas que se ejecutan al realizar la petición, generando contenido HTML de forma dinámica. Es decir, en el acto, para que sea entregada por el servidor al navegador que hizo la solicitud "GET". En esta captura de tráfico tenemos comunicaciones ARP, TCP, SDP HTTP... Vamos a vigilar esta captura HTTP. Vamos a Follow, Seguir el flujo. Aquí lo vemos en la fase de solo contenido. En rojo las solicitudes y en azul las respuestas. Vemos todo el código que se ha solicitado y que está devolviendo el servidor web. Si bajamos un poco más, veremos más solicitudes asociadas. Vemos aquí otro "GET" para una imagen PNG. Vemos que no se ha modificado. Cuando dice no modificado, significa que en la solicitud se ha indicado que ya se tiene esa imagen en caché. Por eso no devuelve de nuevo el contenido. En este caso ha habido otra solicitud de la página principal. Ha respondido Ok y vuelve a cargarla. Se ha solicitado que se vuelva a recargar la página aunque la tenga en memoria. Entonces existen múltiples funciones. Podemos ver toda la descarga del tráfico. Cerramos. Vemos toda la sesión TCP y HP asociada en base al filtro que ha creado al seguir la comunicación. Y podemos ver cómo funciona. Si queremos centrar más, podemos hacer filtrado por HTTP. Y entonces tenemos el "GET" de la imagen, tenemos el "GET" de un JPG, tenemos la respuesta no modificado. Si subimos un poquito más, vemos la solicitud de la página. Y la respuesta Ok, que es la que incluye todo el contenido del que hablábamos. Así de simple es como funciona una solicitud "GET". Se envía una solicitud de un recurso concreto, en este caso un contenido, aquí un contenido concreto que es un archivo CSS de estilo, archivo CSS de estilo, un archivo JavaScript de código, PNG de imagen, JPG de imagen. Se pueden descargar múltiples tipos de archivo mediante este protocolo. Básicamente es una solicitud de un contenido específico y la respuesta del mismo.

Solicitud HTTP POST

Las solicitudes "POST" son las más utilizadas a la hora de enviar el contenido de un formulario o un archivo desde el cliente al servidor. Al fin y al cabo, el contenido de un archivo se transmite como una cadena de caracteres truncada en partes que se reconstruyen en el servidor. Al hacer una solicitud "POST" se indica el protocolo HTTP que se va a utilizar, el servidor o "host" de destino de dicha petición, el tipo de contenido, su longitud y las variables, indicando el nombre de la misma y separándolo del contenido por un signo igual. Cada variable se separa de la siguiente con un signo ampersand. Al final, las peticiones "POST" se usan esencialmente para remitir el contenido de formularios y también de post fragmentados o multiparte para el envío de archivos binarios. En este ejemplo podemos ver el inicio de una sesión TCP, una solicitud 'SYN', la respuesta con el 'ACK', cómo se completa con el 'ACK' solicitando desde el 57 a la 50. ¿Vale? Están en la misma red el servidor web y el cliente. A partir de ahí se inicia una solicitud "POST". Tenemos que se ha encontrado la respuesta al anterior. Y continúa en los envíos correspondientes de datos con un "GET" porque se trataba de una pantalla de "login". Vamos a ver, Follow, HTTP String. Y aquí vemos el "POST" a la dirección IP, el agente que sea utilizado, que es un navegador Firefox. Estamos hablando de texto HTML, una aplicación. El lenguaje está configurado en inglés. La codificación. La referencia, es decir, la página desde la que se ha hecho la solicitud. Las cookies que se estaban utilizando. Mantener la conexión. Y era tipo 'form'. El contenido del HTTP "POST" era un formulario. Y el contenido del mismo, que vemos que es de 40 caracteres de longitud, era 'usarme=admin', password=pass' y 'login=login', que es el botón que se ha pulsado para acceder. A partir de ahí, tenemos una respuesta que no se ha encontrado. Y entonces se deriva otra vez a la página de "login" para que el usuario pueda volver a intentarlo. Lo importante que tenemos aquí es la longitud del contenido, el tipo de contenido y cuál es el contenido que se ha enviado. Y esto es lo que ocurre cuando hacemos un "POST" en claro. En otros casos el tipo de contenido podría ser un binario y aquí tendríamos una variable con un nombre. Podría haber otra variable con el nombre de un archivo y después otra variable. Y el contenido sería el contenido del archivo en formato binario. En este caso se trataba simplemente de un formulario de "login".

¿Qué es OWASP?

OWASP son las siglas de "Open Web Application Security Project". O lo que es lo mismo: Proyecto abierto de seguridad de aplicaciones web. El objetivo de la OWASP, nacida en 2001 y constituida en fundación en 2004, es ser una comunidad global dedicada a dar visibilidad sobre la seguridad en el mundo del software. Se dedican a la investigación y publicación de documentos, procedimientos, listas de comprobación, herramientas y más, para ayudar a las organizaciones a mejorar su capacidad para producir código seguro. Entre sus proyectos destacan la lista OWASP de las diez vulnerabilidades más comunes, quizá el proyecto más famoso. En concreto, vulnerabilidades web. El modelo de madurez de seguridad de software es otro de sus proyectos. Y el tercero que vamos a destacar son las guías para desarrolladores de pruebas y de revisión de código, entre otros muchos y muy variados proyectos. Veamos entonces cómo ha variado este ranking de riesgos para la web desde 2013 a 2017. Para empezar, podemos acceder a la web de OWASP y buscar el 'OWASP Top Ten Project'. En primer lugar, tenemos el acceso al documento con su índice de contenidos. Y lo que comentábamos, que es la tabla de variaciones de 'OWASP Top Ten 2013' a 'OWASP Top Ten 2017'. Como podemos ver, la inyección de código en el servidor y la ruptura de procesos de autenticación siguen siendo los problemas principales. En tercer lugar, hemos pasado del "cross-site scripting" a la exposición de datos sensibles, lo cual es un verdadero problema no ya de código, sino organizativo y procedimental. Han aparecido riesgos nuevos, como las entidades XML extremas, la deserialización insegura de datos, típica de Jason y XML. Y una muy destacable, que es la falta o laxitud en procesos de registro y monitorización, lo cual es realmente grave, porque sin supervisión de los sistemas difícilmente se pueden detectar incidentes pasados o en activo. La página siguiente es muy interesante también, ya que nos habla de gestión de riesgos entendiendo estos como las amenazas que aprovechan vulnerabilidades para generar un impacto sobre una función o recurso y que acaba causando un impacto o problema en la organización. Nos habla de evaluaciones de riesgo. Nos habla del proceso de cómo entra. Tenemos los agentes de amenaza, los vectores de ataque, las debilidades o vulnerabilidades, los controles de seguridad, donde existan, el impacto técnico y el impacto para el modelo de negocio o la continuidad de negocio de la organización. El proyecto continúa con un índice de los diez riesgos principales y luego con la explicación detallada de cada uno de ellos. Podemos ir viendo página a página el desglose de los mismos. Otro proyecto interesante que aporta OWASP para favorecer el aprendizaje y la experimentación en entornos seguros es el proyecto OWASP de directorio de aplicaciones web vulnerables, en el que se presentan dos listas de servicios online. Tenemos aquí arriba las "On-Line apps" y "Off-Line" sobre los que poder hacer experimentos de seguridad, detección y explotación de vulnerabilidades. Y, además, procesos de tipo ofensivo sin cometer por ello delito, siempre teniendo en cuenta las licencias de uso de cada una de estas aplicaciones. Vamos a ver, por ejemplo. Entramos en "On-Line Apps". Tenemos múltiples páginas donde poder acceder a recursos online. Por ejemplo, tenemos HackThisSite. Vamos a abrirlo en una nueva pestaña. Esta página plantea retos. Está diseñada por sus creadores precisamente para ser atacada. Tenemos misiones básicas, realistas, de aplicaciones, de programación, "phonephreaking" relativas a trucar llamadas telefónicas, JavaScript, forenses, de extensiones básicas, esteganografía, chats Irc. Podemos registrarnos y acceder a los retos que nos plantean para aprender de forma segura y comentar con otra comunidad. El objetivo es aprender vulnerabilidades de sistemas y cómo se explotan para defender nuestra propia infraestructura. También tenemos aplicaciones como Acuart –vamos a abrir en en otra pestaña–, que es una aplicación de Acunetix creada para probar su propio escáner de vulnerabilidades. Por último, tenemos también imágenes de máquinas virtuales, "Off-Line apps", que podemos descargar. Tenemos el Damn Vulnerable Node Application, Damn Vulnerable Web Application, Web Service, Mutillidae, un servicio web muy famoso, VulnApp... Existen múltiples opciones que podemos descargar y algunas descatalogadas ya. El objetivo de estas aplicaciones offline es instalarlas en nuestros propios servidores locales. Y las imágenes de sistemas pues tenemos el famoso Metasploitable, versiones 2 y 3, que es un servidor Linux diseñado expresamente para ser vulnerable, tanto el propio servidor Linux como las aplicaciones que lleva instaladas. Entre otras, algunas de las que podemos ver en la lista offline, como Mutillidae o Damn Vulnerable Web Services. Así que, como podemos ver, OWASP ofrece muchísimos proyectos y muchos recursos, tanto para el aprendizaje como para la concienciación y el entrenamiento. Te recomiendo dar un paseo por la página web de 'owasp.org' y buscar los recursos que más se adecúen a la infraestructura con la que trabajas. Practica, entrena y así podrás mejorar la seguridad de esa infraestructura.

Servidores web vulnerables para entrenamiento

A la hora de hacer prácticas y entrenar para el descubrimiento de vulnerabilidades, así como para su explotación, la solución ideal son las imágenes de servidores deliberadamente vulnerables. El primer sitio donde podemos buscar es en la propia web de la fundación OWASP. En concreto, en el proyecto de directorio de aplicaciones web vulnerable, que es esta página que tenemos abierta. Este directorio contiene una sección que se llama Virtual Machines o ISO –ISOs–, es decir, máquinas virtuales o imágenes ISO donde podemos encontrar enlaces a varias de ellas. Vamos a empezar por la que probablemente sea la más famosa: Metasploitable, de la que tenemos las versiones 2 y 3. Vamos a abrir el enlace. Nos lleva al repositorio de GitHub, donde tenemos toda la información de la misma en su sección wiki. Cómo iniciar, servidor Apache, Tomcat, Jenkins y IIS-FTP. Todos los procesos que tiene que pueden sufrir algún tipo de vulnerabilidad. Y nos describe cómo se utilizan, en qué puerto están funcionando las credenciales que se utilizan para acceder, para que las podamos localizar. Por ejemplo aquí tenemos un motor de gestión, usuario y contraseña "admin", ElasticSearch, Apache Axis, SNMP, MySQL, usuario "root" y no tiene contraseña. ¿vale? una base de datos sin contraseña. Una base de datos, además, que es un modelo muy utilizado. Tiene WordPress también en el puerto 8585. en este caso estamos hablando de Metasploitable 3. Sigue estando disponible la versión de Metasploitable 2. En este caso, nos referencia a la web de Rapid, donde también podemos ver todos los servicios que incluye. Para el propósito de este curso, hemos descargado Metasploitable 2 y lo hemos ejecutado en VMware. Vemos que carga el sistema y nos ofrece el "login" al mismo. Sin embargo, ahora no necesitamos acceder. Lo que vamos a hacer es abrir el navegador web. Y vamos a ir a la página donde está alojado. Esta es la dirección IP de la máquina virtual y, cuando accedemos en modo web, nos muestra esta información. Tenemos el acceso al TWiki, que es una wiki de gestión de contenidos. Tenemos una web de gestión de PHP para bases de datos MySQL, el famoso phpMyAdmin, muy utilizado en muchísimas páginas web. Tenemos Mutillidae, que es una página deliberadamente vulnerable. Y lo mismo para Damn Vulnerable Web Application, que es otra página deliberadamente vulnerable. Por último, el servicio de WebDAV, que básicamente está ahí con poca información en formato web. Vamos a recorrer, por ejemplo, Mutillidae. Mutillidae está diseñada, tal como dice en el título, para ser "hackeada": "Born to be Hacked", ¿vale? Nacida para ser "hackeada". Vamos a prestar atención a alguno de los elementos. Nos dice su versión. Recordemos que esto es Metasploitable 2. Hay una versión más actualizada en Metasploitable 3, pero sirve de manera igual. Tenemos una página de acceso o registro. Podemos activar o desactivar las pistas. Pulsando este elemento, cambia pistas: "Hints: Enabled (1 ScriptKiddie)", nivel 2, "Noob", o deshabilitado. También podemos variar el nivel de seguridad. Es decir, que configure distintas opciones para hacer más difícil el ataque. Tenemos el nivel 0, nivel 1 y nivel 5. Podemos resetear los valores de la base de datos, ver el log del sistema para ver cómo estamos funcionando, ver datos capturados, si los hubiese. ¿Vale? Por ejemplo, en "login system", si activamos las pistas, aquí abajo nos dice formas que tenemos de atacar esta página web desde esta página en concreto. ¿Vale? Así que es una herramienta dedicada al aprendizaje. Está en una máquina local, luego atacando esta página web no hacemos daño absolutamente a nadie. Otra de las opciones que tenemos para practicar es la aplicación web extremadamente vulnerable, o Damn Vulnerable Web Application. Podemos ver toda la información. Podemos descargarla, ver las fuentes, reportar "bugs", acceder a la wiki para ver la información: código, problemas… Podemos ver toda la información del recurso disponible en GitHub. Está incluida también en

Metasploitable. Este sería el acceso. Pero si solo queremos acceder a este recurso, podemos descargarlo e instalarlo, por ejemplo, en un servidor web local mediante SAMP. Para ver cómo de vulnerable es el sistema Metasploitable, vamos a abrir la línea de comandos y vamos a ejecutar 'nmap'. Y simplemente la dirección 168.173.50, la dirección del servidor que tenemos en la máquina virtual. Va a hacer un escaneo de puerto para que veamos todo lo que tiene abierto, desde 'ftp', 'ssh', 'telnet', 'smtp'... 'Telnet' es intrínsecamente inseguro porque no tiene cifrado, igual que 'ftp'. 'Ssh' al menos tiene cifrado. Http', dominio, la 'netbios', ejecución, 'login', 'shell', la base datos MySQL, acceso por VNC, ejecuciones con X11... O sea, parece que es bastante, bastante vulnerable. Así que ya sabemos, hay muchas opciones. Recordemos que tenemos el Damn Vulnerable Web Application, Mutillidae, también disponible en Metasploit, y otras herramientas. Metasploitable es solo una de las ISOs disponibles. Podemos probar con cualquiera de ellos. La cuestión es aprender y practicar en sistemas que no importa que dañemos porque siempre podemos restaurar y porque tenemos permiso por licencia para ello. Así que te invito a practicar.

Escaneo de servidores

Un escaneo de puertos se puede hacer con una herramienta bastante sencilla, a la vez que compleja, por todas las opciones que nos ofrece, como nmap. Pero para buscar vulnerabilidades conocidas, podemos recurrir a herramientas prediseñadas como, por ejemplo, OpenVAS o Nessus de Tenable. en este caso hemos instalado las dos aplicaciones en una máquina Kali Linux en virtual para acceder al escaneo a una máquina, también virtual, Metasploitable2. OpenVAS podemos encontrarla en 'openvas.org' y podemos acceder a ella, ver su "dashboard" y podemos crear una tarea. Vamos a crearla con el "wizard", con el asistente para escanear Metasploitable 2 completa, que está en la dirección 192.168.173.50. Iniciar automáticamente. Creamos la tarea y vemos que el proceso ha sido solicitado. Podemos poner que la ventana se refresque cada 30 segundos, cada minuto, cinco minutos... para ver cómo avanza. Mientras tanto, Tenable es una compañía que nos ofrece la solución Nessus. Nessus es otro escáner a nivel de red que podemos utilizar y podemos crear un nuevo escaneo basándonos en escáner avanzado, auditoría de infraestructuras en la nube, detección de bloqueo, Bash, descubrimiento de "hosts", de dispositivos en red, credenciales, escaneo de "malware"… Pero vamos a utilizar el de aplicaciones web, que es más similar a lo que tenemos en Metasploitable 2. Vamos a llamar esto 'Metasploitable2'. 'Escaneo de prueba de mutillidae', que es una de las web que tiene. La carpeta de 'Mis Escaneos' y los objetivos vamos a poner pues: 'https://192.168.173. 50/ multillidae'. Guardamos la ejecución bajo demanda, así que iniciamos el proceso. Mientras tanto, vemos que aquí va progresando. Tarda bastante, según la configuración que le pongamos, pero nos resuelve mucha investigación, siempre teniendo en cuenta que buscan vulnerabilidades conocidas para lo que le permitimos escanear. No puede encontrar vulnerabilidades que no sean conocidas. Mientras OpenVAS se sigue ejecutando, vemos que ya va por un 48 % de todos los escaneos que está haciendo, Nessus parece que ha terminado ya, así que podemos acceder a la información. Y vemos que, de todas formas, en Nessus solo escanea vulnerabilidades web. Nos dice cuántas tenemos críticas, un 2 %, 11 % altas, 30 % medias, tú ya estás sumando casi el 50 %, tenemos un 43 %. Podemos ver la lista de vulnerabilidades en Web Servers, CGI, Web Servers… Podemos ver la clasificación y podemos entrar a cada una de ellas para ver la descripción, la solución e información adicional. Esto es un valor muy importante, porque siempre podemos complementar la información que nos dan estas herramientas con fuentes externas. Tenemos la versión, Web server, la puntuación, la valoración CVSS y el cómo se ha hecho la búsqueda y en qué URL se ha detectado la vulnerabilidad. Podemos volver a la lista de vulnerabilidades. Apache también tenemos, que podrían generar una denegación de servicio. Nos explica cómo se ha detectado. OpenVAS se va aproximando al final mientras tanto. Estas herramientas, como podemos ver, son muy prácticas, pero tenemos siempre que revisar el contenido. Por ejemplo, las vulnerabilidades "cross-site scripting", XSS afectan a nuestros clientes, a los usuarios de nuestras páginas web, porque podrían permitir que otra página web ejecute código mientras un usuario accede a la nuestra, por poner un ejemplo. Escaneo de puertos. Métodos permitidos por directorio. Esto es una exposición de información. ¿Vale? Lo que nos dice es que estamos exponiendo demasiada información sobre nuestro servidor. Estamos viendo todos los directorios y se puede recorrer todo el sistema, lo cual obviamente no es bueno porque estamos dando más información de la que se debe. No es que debamos basar la seguridad en la oscuridad de la información, pero no hace falta dar más información de la que sea imprescindible. Lista de vulnerabilidades aquí y el histórico de cuántas veces hemos escaneado este sistema. OpenVAS está próximo a terminar. Una vez que el proceso se ha completado, lo marca como hecho y podemos acceder a la información. Tenemos la lista completa de vulnerabilidades. En este caso 339, bastante más que las que descubrió Nessus, 61. pero tenemos que recordar que con Nessus solo escaneamos un servicio web. Con OpenVAS estamos escaneando todo el servidor. De hecho, tenemos la web en el 80, TCP también en el 80, distintos puertos en el 80, tenemos el 21, que se corresponde con el FTP. Ahí tenemos VSFTP. Tenemos el 22 para SSH, que dice que tiene unas credenciales fáciles que se podrían descubrir por fuerza bruta. De hecho, nos indica cuáles son esas credenciales. Dos usuarios con sus respectivas credenciales. Así que con OpenVAS también podemos hacer escáneres completos y almacenarlos para compararlos a medida que pasa el tiempo, que detectamos en una u otra computadora, para ver si se han instalado nuevos software. Además, en esta columna de remediación , ¿vale?, tipo de solución, nos indica si la solución es una mitigación, un consejo como, por ejemplo, cambiar una contraseña, aplicar un parche del fabricante, un "workaround" o una solución alternativa, que puede ser desactivar una funcionalidad, por ejemplo. Existen múltiples tipos, incluso un problema que es que no hay solución conocida. Por último, podemos recurrir al Analizador de vulnerabilidades de Acunetix, para el que podemos crear un objetivo, que va a ser 192.168.173. 50. Vamos a decir que obviamente es HTTP, porque es un analizador web, y va a ser 'Metasploitable 2'. Añadimos el objetivo, decimos qué tipo de escáner queremos hacer. Vamos a hacer uno rápido de bajo nivel. ¿Vale? Vamos a decir que no es crítico para que lo haga más rápido. Podemos decir que haga escáneres continuos si tiene que registrarse en el sitio para acceder a espacios restringidos. Salvamos y vamos a ver los escaneos. Escanear un objetivo, seleccionamos y escaneamos. Podemos decirle que haga un escaneo completo, podemos decir que solo busque vulnerabilidades de alto riesgo. Vamos a decir eso para que sea más rápido y podemos decirle que nos muestre todos los ítems afectados, un informe para desarrolladores, un informe, un resumen para ejecutivos, un informe rápido o incluso informes basados en ISO27000, NIST, OWASP, basado en el "top ten" de vulnerabilidades web. Cada uno tiene una utilidad y, depende de los protocolos que hayamos implementado en nuestra organización, nos pueden interesar unos u otros. Vamos a seleccionar este, teniendo cuenta que luego podemos generar más. Creamos el escaneo y empieza su funcionamiento. A la derecha podemos ver el progreso. Nos dice el tiempo de respuesta, la localización de daños, solicitudes realizadas y un histórico de las últimas alertas que ha ido detectando. Nos dice que en la base de datos de Acunetix el riesgo de este servidor web es de nivel tres, a pesar de que solo lleva un 46 % analizado. El escaneo lleva en ejecución más de 15 minutos y sigue progresando. En algunos momentos, podréis ver que el porcentaje varía hacia abajo. Significa que ha encontrado nuevas localizaciones en las que va a volver a escanear ciertas vulnerabilidades. En primer lugar, porque nos genera una infraestructura del sitio. Podemos ver los distintos componentes y sus contenidos, y en todos ellos va a explorar todas las vulnerabilidades posibles. La lista completa de vulnerabilidades podemos verla en esta pestaña, mientras se van recargando. Es decir, va a ir añadiendo las nuevas vulnerabilidades que detecte. En este caso, por ejemplo, tenemos que directamente puede encontrar vulnerabilidades que permitirían inyección ciega de solicitudes SQL. Podemos desplegar la información o resumirla, y al igual que en los ejemplos anteriores de OpenVAS y Nessus, podemos obtener todo el informe de las vulnerabilidades detectadas en todo momento. Podemos generar informes. En este caso, todavía no porque no ha terminado este escaneo que tenemos en ejecución. Pero en el caso de Acunetix esa es una herramienta muy valiosa porque nos permite generar informes de acuerdo a protocolos específicos: el del NIST, ISO27000, resumen ejecutivo, resumen para desarrollador… cada uno con distintas extensiones y enfocándose en distintos detalles, de forma que con ese informe podamos tener una base para generar uno propio. Recordemos siempre que estas herramientas permiten escanear vulnerabilidades conocidas y que solo deben aplicarse en equipos que sean de nuestra propiedad, en sistemas diseñados para ser analizados o en sistemas de terceros que nos hayan contratado para hacer este tipo de trabajos. Así que, habiendo visto todo esto, elige la herramienta de escaneo que más se adecúe a tus necesidades y no olvides que hay que buscar más allá de las búsquedas por defecto que estas herramientas nos dan.

SQL Injection

Vamos a aprovechar Mutillidae dentro de Metasploitable 2 para explicar en qué consiste la inyección SQL. Para ello, podemos empezar por activar o no las ayudas, los "hints", las pistas, pero lo que sí vamos a hacer es dejar la dificultad en modo fácil. Un acceso normal sería con un usuario y contraseña, por ejemplo este que hemos creado, que nos permite acceder. Tiene un nombre de usuario, una firma que hemos creado, ¿vale? que es lo que nos permite crear cuando accedemos a la ventana de creación de usuario. Un nombre, una contraseña que hay que confirmar y una firma. Vamos a volver al acceso. Una cosa que podemos hacer para comprobar si es posible inyectar SQL es utilizar el apóstrofo. Pero vamos a explicar primero por qué. Una solicitud SQL tiene más o menos esta estructura que vemos en pantalla ¿vale? Seleccionamos una información determinada de una tabla donde un valor concreto, una columna de esa tabla, tiene este valor y otra columna tiene este valor. Si se cumplen esas dos condiciones, devolvemos pues en este caso un asterisco sería como un OK, un "True", verdadero, en booleano. Entonces eso es lo que ocurre cuando ponemos, por ejemplo, 'srsolis' y 'pass123'. Nos permite acceder. Dice que estamos dentro. "Logout". De hecho, incluso podemos ir al OWASP Top Ten de vulnerabilidades y podemos probarlas en donde nos indica que podemos hacerlo. "Userinfo", podemos escribir 'srsolis', pass123'. Y vemos que efectivamente nos devuelve la información correspondiente a la base de datos. ¿Qué ocurre si ponemos en una solicitud de este tipo que en PHP se construye poniendo una concatenación de contenido? Es decir, PHP construye esta petición más o menos de esta manera. Añade la información concatenando el contenido. Entonces vemos que tenemos estas comillas que separan una parte del valor de otro. Y ¿qué ocurriría si ponemos una, por ejemplo, ahí y le damos a View Accounts? Nos salta un error. Nos explica en qué consiste el error y nos dice cuál es la solicitud que se ha establecido. Obviamente que una página web muestre estos errores es un fallo de seguridad muy grave. Pero es lo que vamos a aprovechar ahora. El problema que tenemos es que tenemos tres apóstrofos, tres comillas simples en lugar de dos. Sobra una, no se completa. Entonces vamos a ver qué podemos hacer con eso. Si la solicitud que haría PHP es de esta manera, ¿qué ocurriría si pusiésemos la clave que pusiésemos y aprovechasemos el 'OR'? Porque vemos que está utilizando un 'AND'. Si ponemos esta información como nombre de usuario, ¿vale? copiamos esta información y sustituimos toda esta parte. Ahora tenemos que 'username' es una cadena vacía o '1=1', dos líneas y luego continúa. Los dos guiones, las dos líneas, es un comentario, significa que todo lo que haya después no se va a interpretar. SQL no interpreta lo que haya después de dos guiones. Entonces podemos copiar este nombre de usuario que hemos generado aquí, con el espacio incluido porque si no daría un error, y vamos a ir otra vez al registro y vamos a utilizar ese nombre de usuario. No vamos a indicar contraseña. Y hemos logrado conectarnos con el usuario 'admin'. Nos hemos conectado con el usuario 'admin' porque, como hemos visto, 'username' vacío o '1=1', pues da igual que no haya en la tabla "accounts", o como se llame, un usuario que no esté rellenado. Lo que importa es que siempre se va a cumplir que uno es igual a uno. Entonces por eso nos permite entrar. Otra posibilidad que tenemos es indicar el nombre de usuario y vamos a sustituir al revés. Vamos a poner el nombre de usuario y vamos a poner este valor. Vemos que ahí hemos añadido una comilla simple. Lo añadimos donde iría la contraseña. en este caso tenemos el nombre de usuario, es este, y la contraseña vacía o '1=1'. Y en este caso las comillas se completan. Vamos a probar lo mismo. Hacemos "logout", indicamos 'srsolis', por ejemplo, e indicamos esa contraseña. Para ver la contraseña, podemos utilizar otra herramienta más: el inspector de la página web. Vemos que esta entrada tiene tipo 'password', es decir, que cuando escribimos algo se muestran asteriscos o círculos. Lo que podemos hacer es cambiarla por tipo 'text'. Ahora si escribimos, se muestra el contenido. Pues vamos a escribir esto que hemos copiado, ejecutamos y, de nuevo, estamos logueados como 'admin'. ¿Por qué? Porque la norma que se cumple es el 1=1. Y se cumple para todos. Entonces en la primera respuesta de la tabla se cumple. Vamos a ir a Logout y vamos a probar en el 'userinfo'. Un problema que tenemos es que no conocemos qué tablas hay en la base de datos. Las tablas podrían calcularse con esta solicitud. Solicitar nombre de tablas y el esquema de las mismas. Simplemente esto es para añadir una columna extra de la información de las tablas. SQL permite sumar solicitudes mediante 'UNION', es decir, que podríamos hacer 'UNION' de esa solicitud, dos guiones al final. Pero tenemos que hacer que se ejecuten. En este caso vamos a utilizar otro truco, que es darle un nombre de usuario, cerrarle la comilla y decirle que sea '1=0' y después la unión. Al decirle '1=0', este 'AND' siempre va a ser negativo, siempre va a ser falso, de forma que solo va a responder con esta información. Así que vamos a copiar esta línea, incluyendo el espacio del final, para que ignore el resto de la solicitud. Pegamos y solicitamos. Y nos encontramos un error. ¿Qué puede haber pasado? Pues tenemos 'admin AND 1=0 UNION (SELECT table)', fecha, 'a'... Nos dice que tienen diferente número de columnas. Vamos a volver a probar, solo que en este caso ya sabemos que el número de columnas, que es tres, porque tenemos seleccionado el nombre de tabla, el esquema y el valor 'a' para rellenar, pues vamos a poner el valor 'b' también. Copiamos por si acaso, ejecutamos. Tenemos el mismo problema. Vamos a añadir otra columna más. Y en este caso sí nos responde. Lo que pasa es que estamos viendo que, aunque le hemos pedido que nos devuelva cinco valores, solo tenemos el 'information_schema', 'a' y 'b', cuando le habíamos dicho nombre de la tabla, information_schema', 'a' , 'b' y 'c'. Solo nos devuelve tres valores, es decir, que PHP está reconstruyendo la respuesta con los valores. El cero lo ignora. El uno, el dos, el tres y el cuarto lo ignora. Así que lo que vamos a hacer es reordenar nuestra solicitud. Volvemos hacia atrás y lo que vamos a hacer es copiar esta columna, que sería la 'a', la que está poniendo en Password, y la vamos a poner por delante de la primera columna, para que esta cambie de orden. Ahora sería la segunda. Podemos copiar esta solicitud, por si acaso, y volvemos a enviar el informe. Y ahora sí tenemos la 'a' que se la salta, el nombre de la tabla, el esquema y el otro valor que no nos aporta nada. ¿Qué obtenemos con esto? Pues los nombres de las tablas, que son bastante importantes para hacer otro tipo de consultas. Tablas. Tenemos 'information_schema', 'dvwa' para la otra página, 'mysql', 'owasp10', 'accounts', 'user', zona horaria, tarjetas de crédito, 'hitlog', herramientas de "pentesting", actividades... Podemos obtener muchísima información solo con estos datos. Aquí abajo hemos visto que para 'owasp', 'mysql', owasp', había una tabla 'accounts'. Owasp' es el esquema de la tabla. El nombre de la tabla es 'accounts'. Así que vamos a ver qué solicitud podemos hacer. Repetimos la jugada de antes, es decir, que nos devuelva negativo, añadimos en la unión, en este caso en vez de 'a', 'b', 'c'..., vamos a solicitar solo los nombres de columna del esquema de la tabla de sus columnas, donde el esquema sea igual a 'owasp10' y el nombre de la tabla sea 'accounts'. Tenemos que conservar siempre el espacio del final para que no dé error. Y si ejecutamos esta solicitud, resulta que ahora lo que estamos obteniendo, como teníamos 'null', en los otros valores no nos da nada en el cero. En el uno sí, que es lo que hemos pedido, que es el nombre de la columna. Tenemos el 'C I D' o identificador, nombre de usuario, contraseña, la firma y si es o no administrador. Así que ahora ya tenemos los nombres de las columnas. Podemos construir una nueva solicitud para obtener toda la información. Vamos a ella, que la tenemos aquí preparada. Seguimos diciéndole que nos niegue los resultados para que solo ejecute el 'UNION'. Entonces volvemos a tener el 'null'. Y ahora lo que utilizamos es un 'CONCAT' para que nos concatene los valores obtenidos. Queremos el valor de 'cid', el de 'username', el de 'password', la firma y si es o no 'admin'. Rellenamos las otras tres columnas con 'null' de la tabla 'accounts'. Ahora sí le vamos a pedir, pero le vamos a pedir todos los valores. Lo que pasa es que como solo nos puede representar tres, que los tiene aquí representados con 'username', password' and 'signature', lo que tenemos que hacer es poner todos los valores en uno de ellos y por eso hacemos el 'CONCAT'. Y los otros valores los rellenamos con 'null'. Copiamos la solicitud, ejecutamos y vemos que tenemos todas las entradas de la tabla 'accounts' con el identificador, el nombre de usuario, la contraseña, la firma y si tiene privilegios de administrador o no. Esta es una versión muy sencilla de "SQL injection", pero es el propósito con el que se trabaja. En este caso, además, contábamos con los errores. Si la página no devuelve errores, es lo que se llamaría "SQL injection" o "Blind SQL injection", que significa "SQL injection a ciegas".

Así que ahora, con Mutillidae o con DVWA, podemos practicar estos ejercicios y comprobar si nuestra página web, la que estamos administrando, es igualmente vulnerable a estos problemas. Recordemos que una forma rápida de empezar es indicando solo un apóstrofo, a ver si hay algún tipo de error. También vigilando los "logs" de acceso a nuestra web, podemos ver si alguien está intentando hacer este tipo de accesos con "SQL injection". Lo que tenemos que hacer para evitarlo es validar los datos. Es decir, nuestra función PHP, antes de hacer una consulta SQL, debe comprobar si los datos que nos están proporcionando a través de un formulario podrían ser constitutivos de un intento de "SQL injection". De esa forma, nos defenderíamos de este tipo de ataques.

Secuencia de comandos en sitios cruzados (XSS)

"Cross-site scripting" es un tipo de vulnerabilidad característico de aplicaciones web que permite a un atacante inyectar código en el lado del cliente, de forma que se ejecute en el navegador y pueda afectar a otras páginas web o ejecutar comandos en el servidor. Una vulnerabilidad de este tipo puede emplearse para superar controles de acceso y, además, el atacante puede enviar entradas como usuarios, identificadores de sesiones, contraseñas y demás que puede monitorizar con un script externo. Para hacer una prueba, vamos a utilizar la página de Mutillidae, dentro de Metasploitable 2, y vamos a ir a la lista Owasp Top 10 y vamos a ir a Cross Site Scripting. Vamos a ver algunas de las páginas que nos propone, donde podría existir esta vulnerabilidad. Y tenemos una herramienta de resolución de nombres de dominio. Vamos a probar, por ejemplo, con 'google .com'. Lo enviamos y efectivamente nos resuelve el nombre de dominio. Vemos que la resolución que hace del nombre de dominio es muy similar a la de nslookup. Vamos a comprobarlo. 'nslookup google punto com'. En efecto, se parece muchísimo. Vemos que la salida, en este caso es distinto, nos está devolviendo también la IPv6, pero el resto de la estructura es básicamente la misma. Así que vamos a ver si está validando datos. Por ejemplo, introduciendo un número de teléfono ficticio. Enviamos el número de teléfono y nos devuelve un error. Vamos a ver qué pasaría si lo hacemos aquí. 'nslookup' Y obtenemos el mismo error, o sea que efectivamente se trata de 'nslookup'. Lo mismo aquí podemos ejecutar dos comandos. Vamos a ver qué pasaría con 'google punto com' y si ejecutamos un 'ping -c 1', para que solo sea un 'ping' a 'google punto com'. Pues no resuelve el nombre y hace un 'ping'. Bueno, vamos a probar hacer lo mismo en el formulario. Y nos hace lo mismo, así que acabamos de detectar que lo que ponemos en esta ventana es una instrucción que completa un comando que se ejecuta en el servidor de Metasploitable 2. Esto ya es un problema grave de seguridad porque nos permite ejecutar comandos. De hecho, podríamos probar 'google punto com' y vamos a ver si responde, por ejemplo, a un 'dir'. En efecto, así que podemos ver qué archivos hay en el directorio en el que se está ejecutando, podríamos manipular, podríamos enviar conexiones... Estaríamos manejando el servidor Metasploitable donde está la web, porque el diseñador de la web no está validando el tipo de datos que se incluyen aquí, que deberían ser única y exclusivamente nombres de dominio para poder hacer esta función de DNS Lookup. Para ver algo ya más parecido a "cross-site scripting", vamos a ver si podemos aprovecharlo aquí. Vamos a hacer lo mismo: 'google punto com'. Y ahora lo que vamos a ejecutar es un código JavaScript. 'Script' y cerramos: 'barra script'. Y lo que vamos a ejecutar es una alerta. Y entre comillas simples vamos a poner 'Prueba XSS'. Cerramos comillas simples, cerramos el paréntesis, está el script cerrado y efectivamente se está ejecutando el JavaScript que estamos poniendo aquí. ¿Qué ocurre al hacer esto? Que podríamos calcular y obtener más información. Vamos a ver qué más se podría obtener. Por ejemplo, una cookie. 'google punto com' y vamos a repetir el mismo proceso con el del script, pero en vez de un texto concreto, vamos a pedir una variable típica que podemos solicitar en prácticamente cualquier página web. 'document punto cookie'. A ver si hay alguna activa. Hacemos la solicitud y obtenemos el identificador de la sesión PHP que se asignaría a la cookie. O sea, que ya estamos empezando a obtener información que podrían tener otros usuarios también, y eso que no estamos registrados. Si nos registramos, por ejemplo, 'admin', 'adminpass'. Ya estamos registrados como 'admin'. Y vamos a ir al mismo sitio y vamos a repetir la misma consulta solicitando la cookie. Y ahora tenemos el nombre de usuario, el identificador del usuario y el ID de la sesión PHP.

Es decir, que si estamos registrados, obtenemos una cookie completa. De esto va "cross-site scripting". Para comprobar si una página es vulnerable a "cross-site scripting", podemos ir a la línea de comandos y ejecutar 'xsser -h' para darle ayuda. Y si queremos acceder, en vez de utilizarlo por línea de comandos, por la interfaz gráfica, podemos usar '- - gtk'. Esta herramienta nos permite evaluar la seguridad de una página respecto a "cross-site scripting". Vamos a utilizar el asistente, iniciamos. Nos da varias opciones. Vamos a elegir un objetivo que nosotros decidamos. No podemos andar buscando objetivos, debemos hacerlo siempre con nuestras máquinas por seguridad y por trabajar de forma legal. Entonces vamos a trabajar, por ejemplo, con esta página. Le damos a Siguiente. Quiere probar con "GET", con "POST". Vamos a probar diciéndole que haga lo que le parezca, ¿no? Que no sabemos. Siguiente. Le vamos a decir que no tenemos ningún proxy. Tres, dejamos el valor por defecto. Podemos elegir la opción de qué tipo de "bypass" queremos utilizar. Quiero inyectar scripts XSS sin ninguna codificación. Pue podemos bajar con los cursores y ver las otras opciones. No lo sabemos exactamente. Vamos a dejar que trabaje por su cuenta con este servidor que es nuestro, es un servidor de pruebas siempre. Y podemos decirle que no sabemos o que simplemente inyecte el mensaje de alerta, como lo que hemos hecho antes. Vamos a pedirle que haga eso. Está todo listo y podemos empezar el test. A partir de este punto, vemos aquí abajo cómo va haciendo su progreso y aquí podemos ver las distintas pruebas que va realizando y la salida para cada una de ellas. 'Toggle-security&page' y va introduciendo información. Sin información. Fallo. Podemos ir viendo los resultados y, de esta forma, para cada URL y para cada prueba, vamos viendo el resultado que obtiene. Vamos a parar. Resultados. Vulnerables, Fallados, Errores… En función de las pruebas que le hayamos dicho, nos irá indicando con cuáles ha obtenido éxito y con cuáles no. Esto se trata de una prueba breve. Obviamente existen las vulnerabilidades, pero tendríamos que dejar que trabajase todo el tiempo completo. La idea de XSS es localizar las páginas vulnerables para que luego nosotros podamos hacer pruebas o hacer un escaneo completo y verificar que nuestro sitio web no tiene vulnerabilidades de "cross-site scripting" reconocidas.

Pérdida de autenticación y gestión de sesiones

Para evaluar cómo podemos robar una sesión de usuario en una página web, vamos a hacer una práctica en la que hemos levantado varios servidores. Tenemos una computadora con Windows, tenemos una computadora con Linux y tenemos una computadora con Metasploitable. Esta computadora es la que va a tener la página web vulnerable y la que va a permitir que un atacante obtenga la sesión de una víctima. Como vemos, todos son máquinas virtuales para trabajar sobre seguro. En la máquina Linux, tenemos la página web de Metasploitable, en concreto, Mutillidae, donde nos podemos registrar como usuarios. Y aquí vemos que estamos registrados. Correcto. Vamos a utilizar este navegador porque, para el ataque, para poder robar una cookie de una sesión, se utiliza "cross-site scripting". Es una vulnerabilidad que puede defenderse desde el cliente que se conecta a un servidor web, es decir, desde el navegador. Por eso, si utilizamos navegadores más modernos, probablemente estén detectando ese tipo de actividad y defendiendo al usuario. De aquí la importancia de utilizar navegadores actualizados. Vamos a ir a la máquina con Windows, que es la que vamos a utilizar para realizar el ataque. Hemos instalado un servidor web temporal, con XAMPP, y tenemos todo instalado en la misma red. Entonces si abrimos el navegador, podemos ir a la dirección IP local y vemos que tenemos el servidor Apache. Hemos creado, además, dentro del directorio del servidor Apache, 'xampp', 'htdocs', una carpeta que se llama 'cookies'. Y dentro de ella hemos creado este archivo PHP, que lo que se hace es ejecutarse cuando recibe una solicitud, cuando le hacen un 'HTTP GET'. Lo que va a hacer es capturar la cookie de la página web a la que esté conectado el usuario cuando haga esta captura de sesión. Para ver cómo podría funcionar, podemos ir aquí y en vez de en "dashboard", ponemos "cookies", que es donde tenemos la carpeta y la dirección del sistema PHP. Si hacemos la solicitud, nos quedamos donde estábamos, no ocurre nada, y en el archivo HTML 'cookies', se abre esta nueva conexión que se ha realizado desde la misma IP en la que estamos, porque estamos en local, pero no tenemos ninguna referencia, porque no había ninguna cookie activa. La idea es que el objetivo, estando registrado en una página web, tenga su correspondiente cookie y, mediante este fichero PHP que hemos

51

desarrollado aquí, podamos capturar esa cookie. Entonces como navegador vulnerable vamos a utilizar este Firefox sin actualizar. Estamos en una sesión registrada con el usuario 'srsolis' y vamos a ir a añadir una nota al blog. Bueno, para hacerlo correctamente, lo que vamos a hacer es salir y un usuario anónimo, basado en las vulnerabilidades que tiene Mutillidae precisamente para esto, va añadir una nota al blog, va a añadir una entrada al blog. Tenemos la página web limpia, así que vamos a añadir una entrada. Para ello, vamos a usar la que hemos dejado preparada para este evento. Vamos a borrar las cookies para que no haya nada y podamos empezar de cero. Y entonces vamos a crear esta entrada. Esta entrada pues dice mi nombre, necesito ayuda para un proyecto de ciberseguridad y luego le he añadido un 'iframe'. Un 'iframe' que hace una solicitud de tipo 'javascript' a la dirección que hemos creado, reportando en el 'GET' la cookie. Vemos que es una petición 'GET', ya que la información la lleva en la propia URL. JavaScript permite acceder a la cookie con 'document.cookie', lo asigna a la variable C y esto se envía en una petición 'HTTP GET'. Entonces vamos a copiar este texto. Vamos a ir a Linux y vamos a crear este artículo. Una vez creado, lo publicamos de forma anónima, no estamos registrados. Y ahora nos podemos registrar porque hemos borrado la base de datos. Entonces vamos a crear un nuevo usuario, que va a ser 'srsolis', 'pass123', 'pass123'. De momento, la trampa está preparada. Ahora esto sería lo que un usuario normal podría hacer. 'Esta es la firma de srsolis'. Crea la cuenta, puede ir a registrarse: 'srsolis', 'pass123'. Y accede ¿vale?. Se ha registrado con normalidad. Podemos verlo aquí arriba. Y entonces ahora, si él quisiese ir a leer el blog, podría ir a View someone's blog. Vamos a decir que nos muestre todas las entradas, porque hemos creado antes una entrada con el usuario anónimo. Al mostrarlo, vemos que aparece esa entrada y vemos este cuadradito de aquí abajo. Ese es el 'iframe'. La solicitud de JavaScript ya se ha ejecutado, ha hecho la solicitud. Entonces, si ahora volvemos a la máquina con Windows, la cookie, tenemos, de hecho, dos veces, porque antes lo repetimos también, pero tenemos la cookie con su identificador, el UID del usuario y el nombre de usuario. ¿Y con esto qué podríamos hacer? Bueno, pues un usuario malintencionado, por ejemplo, llega el administrador del sistema, 'admin', 'adminpass', que es la contraseña por defecto, ¿vale? Y está registrado como 'admin', 'adminpass'. Puede navegar por distintos sitios, por User Info. Puede ir al Home. Siempre aparece registrado como 'admin' y la firma 'monkey'. Pero podemos utilizar herramientas de edición de cookies, como este "Add-on", y vamos a buscar la correspondiente de esta página. Entonces tenemos el identificador de sesión de PHP, que es igual, 68e11 y acabado en 0835. 68e11 y acabado en 0835. Tenemos el UID, que es 1, y el Username, que es 'admin'. Sin embargo, imaginemos que el administrador quisiese capturar la sesión de 'srsolis'. Como ha capturado la información de la cookie aquí, pues va a copiar 'srsolis' y UID 17. Simplemente va al UID, lo edita, guarda y cambia el Username. Lo edita y lo guarda. Ahora podemos cerrar. Hemos modificado la cookie que está almacenada en esta sesión. Y ahora simplemente, si cambiamos, vemos cómo acabamos de entrar en la sesión de el otro usuario. El sistema reconoce a través de la cookie que estamos en la otra sesión. Esto es lo que se correspondería con un problema de gestión de sesiones gracias a vulnerabilidades de "cross-site scripting".